JN074648

経営企画のための財務会計入門

利益変動のロジックを追い掛ける

後藤史守弥 [著]

㈱三井住友フィナンシャルグループ
理事 財務部部長

中央経済社

は じ め に

　本書は，役員・部長クラスの方や本部スタッフの関心の高い必須のテーマとして，基礎知識編で財務情報開示や連結決算，コーポレートファイナンスを，ロジック編で固定資産（のれん）の減損，金融商品，退職給付，買収・合併などの組織再編，為替相場変動の影響，税効果会計等を取り上げています。広範囲をカバーしていますが，各章はテーマの理解に不可欠かつ重要な点に絞るとともに，財務会計の基礎的な知識をベースとして丁寧な説明を心掛けました。

　筆者は，財務経理部署に長年勤務してきましたが，その間に社内の非常に多くの方から，複雑な案件に係るものを含めて財務会計や税務に係る質問・相談を受けてきました。その際に感じたのは，会計基準の細部の知識の有無にかかわらず，財務諸表に対して大まかにでも全体感を持ち，ビジネス上の変数・条件の変化が資本や利益をどのように動かすかをイメージできる人かどうかによって，質問・相談の内容，こちらからの説明に対する理解度に違いが出てくる，ということです。もちろん，その後の動き方や物事の進み方にも自然に差が出てきます。とりわけ，昨今の業務の見直しや新しい業務が強く求められている中では，経営者の最大の注目点である利益が動くロジックを理解しているかどうかは，これまで以上に重要になってきていると思います。

　利益が動くロジックは，財務会計の基礎的な知識を使いながら段階を踏んで説明されれば，専門的な知識がなくとも十分理解できます。一方で，これまで，利益の動きに重点を置いた財務会計の書籍が少なく，利益が動くロジックを理解する機会が十分に提供されていなかったように思っています。そのため，本書は全編を通して利益の動きに注目した説明を行っています。

　役員・部長クラスの方や本部スタッフおよびそういったポジションを目指している方に加え，すでに財務会計の基礎知識をお持ちのビジネスパーソンは，

ぜひ，本書を手にとって読んでみてください。財務会計をビジネスの実務で積極的に活用する際，あるいは活用できるようするために，必ずお役に立てると思います。

　なお，本書では特に言及がない場合，税効果については考慮しないものとしています。また，文中意見に属する部分は筆者個人の意見であり，内容についても，筆者が所属または関係するいかなる企業，組織の意図・見解を示すものではありません。

　最後になりますが，中央経済社の坂部秀治常務には，本書の企画段階から多くの時間を割き，さまざまな支援，ご助言をいただき，心から御礼申し上げます。

　2021年12月

後藤　史守弥

目　次

第 **I** 部　基礎知識編

第 **1** 章
利益の分類と財務情報の開示

第 **2** 章
連結決算の仕組み

第 3 章

コーポレートファイナンスとDCF法

第 4 章

固定資産の減損が求められるのはなぜか？

第 5 章

金融商品の時価評価で当期純利益が大きくブレる？

退職給付費用の増減はどこから来るのか？

買収時ののれんはどう決まるのか？

子会社のステータス変更が財務に及ぼす影響とは？

合併相手がグループ内か外かで違いが生じる？

のれんの減損で想定していなかったのは何か？

為替相場変動の影響は財務諸表のどこに表れるか？

利益と税金費用のアンバランスには調整が必要？

第 I 部

基礎知識編

利益の分類と財務情報の開示

　第1章から第3章は，本書を読み進めていくにあたっての基礎知識編です。第1章では，「利益」を整理するとともに，財務情報の開示を扱います。

　「はじめに」で述べたとおり，本書は全編を通して，利益の動きに注目しています。「衣食足りて礼節を知る」といいますが，会社経営では，「利益足りて」，顧客や従業員，取引先，地域社会，株主といったすべての利害関係者に配慮しながら，会社を発展させ続け，社会的責任を積極的に果たすことが可能になります。そのためには，今年の利益も大切ですが，継続的に利益を上げることが何よりも重要です。その際，本業以外の，例えば効率的な余剰資金の運用や資金調達なども大切ですが，根幹をなすべきは本業からの利益です。本章では，改めて，財務会計上の「利益」を整理するとともに，第5章以降の説明で必要になる「その他の包括利益」にも触れていきます。

　また，最近は，決算発表や決算説明会，スモール・ミーティング等の場や，以下で説明する有価証券報告書やアニュアルレポート，統合報告書[1]等を活用し，財務情報を積極的に発信（開示）する会社が多くなりました。そのため，経営者が株主，投資家，アナリスト等から直接，質問を受ける機会も増えており，ビジネスパーソンは，自社（自分）の業務について，開示が必要な財務情報の内容をあらかじめ把握しておく必要があります。ここでは，上場会社が財務情報を開示する「決算短信」と「有価証券報告書」の概要等をみていきます。

1　財務報告に経営戦略や社会貢献等の非財務情報等を統合したアニュアルレポートの形態。

1. 利益の種類と損益計算書の構造

　冒頭のとおり，「利益」は会社が将来にわたって事業を継続し，顧客や従業員，取引先，地域社会，株主といったすべての利害関係者に配慮しながら，会社を発展させ，社会的責任を積極的に果たしていくための大前提です。

　図表1-1に示した連結損益計算書の様式上には，6つの「利益（または損失）」，すなわち「売上総利益」「営業利益」「経常利益」「税金等調整前当期純利益」「当期純利益」「親会社株主に帰属する当期純利益」が示されています。

　その中でも，経営者や株主・投資家が特に重視するのが，各年度の会社の業績を表す「親会社株主に帰属する当期純利益」と，各年度に生じた特別な事象に係る損益を除いた経常的な利益である「経常利益」，本業の利益である「営業利益」です。後述するとおり，証券取引所に株式を上場している会社（以下「上場会社」）が決算発表する際に開示が求められている決算短信の表紙の最初に，売上高とともに，この3つの利益を記載することになっています。

[図表1-1]　連結損益計算書

売上高 売上原価	本業の損益
売上総利益（又は売上総損失） 販売費及び一般管理費	
営業利益（又は営業損失）	
営業外収益 営業外費用	特別なものを除いたすべての経常的な損益
経常利益（又は経常損失）	
特別利益 特別損失	

税金等調整前当期純利益 （又は税金等調整前当期純損失） 　法人税，住民税及び事業税 　法人税等調整額 法人税等合計	親会社株主に 帰属する最終損益
当期純利益（又は当期純損失） 非支配株主に帰属する当期純利益 （又は非支配株主に帰属する当期純損失）	
親会社株主に帰属する当期純利益 （又は親会社株主に帰属する当期純損失）	

(1)　営業利益・経常利益の計算

　売上総利益から販売費及び一般管理費（以下「販管費」）を差し引いたもの
が「営業利益（又は営業損失）」で，本業の損益を表しています。

　これに，経常的な活動に伴う営業外収益と費用を加減して計算されるのが
「経常利益（又は経常損失）」です。営業外収益には，有価証券売却益，受取利
息，受取配当金や，第2章および第8章で説明する持分法による投資利益が，
営業外費用には支払利息，有価証券売却損や，持分法による投資損失が含まれ
ます。経常利益の経常は，「特別ではない」という意味で，特別な収益や費用
を除いた，すべての収益と費用から計算されます。特別な収益や費用を含まな
い経常利益は，翌年度以降の会社の利益を考える際の重要な基礎になるため，
経営者や株主・投資家にも重要な利益です。

(2)　親会社株主に帰属する当期純利益の計算

　この「経常利益（又は経常損失）」に，各年度の特別な収益である特別利益
を加え，特別な費用である特別損失を差し引いた利益が「税金等調整前当期純
利益（又は税金等調整前当期純損失）」です。特別利益には，保有不動産の売
却に伴う固定資産売却益や第7章で説明する負ののれん発生益が，特別損失に
は，固定資産売却損や第4章，第10章で説明する固定資産の減損損失が含まれ

ます。その他，いわゆるリストラ（事業の再構築）に伴う事業の譲渡・統合・撤退，子会社の売却・清算，事業所の統廃合，工場の閉鎖・縮小，不採算店舗の閉鎖，希望退職者の募集の関連費用等を「事業構造改革費用」等の名称で特別損失に計上する場合が多くみられます。「事業構造改革費用」等を詳しくみることにより，翌期以降の業績への影響を推計できる場合もありますが，そのためには本章3（2）で説明する連結財務諸表の関連する注記を確認する必要があります。

　さらに，法人税，住民税及び事業税（額）と，第12章で説明する税効果会計に係る法人税等調整額などを差し引いて，「当期純利益（又は当期純損失)」と「親会社株主に帰属する当期純利益（又は親会社株主に帰属する当期純損失)」が計算されます。税効果会計は業績の悪化に拍車をかけることがあるため，業績が低迷している会社にとっては死活問題になりうるテーマです。親会社株主に帰属する当期純利益は，子会社の当期純利益のうち親会社に帰属しない，すなわち各年度のグループ外の子会社の株主に帰属するものを当期純利益から差し引いたもので，詳細は第2章で説明します。この「親会社株主に帰属する当期純利益」が単年度の業績を表しており，株主・投資家等が最も注目する利益です。

2．包括利益とその他の包括損益

(1)　その他の包括利益
　包括利益は，「増資や配当金，自己株式の取得といった株主との取引によらない純資産の変動額」のことで，当期純利益と「その他の包括利益」の合計です。

　「その他の包括利益」は，資産・負債の含み損益（評価差額）の動きや影響を表し，第5章以降で説明する「その他有価証券評価差額金」「繰延ヘッジ損益」「為替換算調整勘定」「退職給付に係る調整額」等が含まれます。欧米を中心に，当期純利益だけでなく，資産・負債の含み損益（評価差額）の動きや影

響を重視する考え方が広がり，2011年3月期から，日本でも連結財務諸表での包括利益の表示が義務付けられています。

　その他の包括利益に関わる連結包括利益計算書[2]と連結貸借対照表の純資産の部の様式は**図表1-2**のとおりです。

[図表1-2]　その他の包括利益に関する表示

```
連結包括利益計算書
当期純利益（又は当期純損失）
その他の包括利益
　　その他有価証券評価差額金
　　繰延ヘッジ損益
　　為替換算調整勘定
　　退職給付に係る調整額
　　……………
　　その他の包括利益合計
包括利益
（内訳）
　　親会社株主に係る包括利益
　　非支配株主に係る包括利益
```

```
連結貸借対照表/純資産の部
株主資本
……………
　　株主資本合計
その他の包括利益累計額
　　その他有価証券評価差額金
　　繰延ヘッジ損益
　　為替換算調整勘定
　　退職給付に係る調整累計額
　　……………
　　その他の包括利益累計額合計
株式引受権
新株予約権
非支配株主持分
純資産合計
```

　その他の包括利益は，連結財務諸表上，**図表1-3**のように，いったん，連結包括利益計算書の中の「その他の包括利益」に表示し，その累計額は，連結貸借対照表の純資産の部の「その他の包括利益累計額」に計上します。

2　当期純利益を表示する連結損益計算書と包括利益を表示する連結包括利益計算書を分ける形式（2計算書方式）の場合。

[図表1－3]　連結貸借対照表と連結包括利益計算書の関係

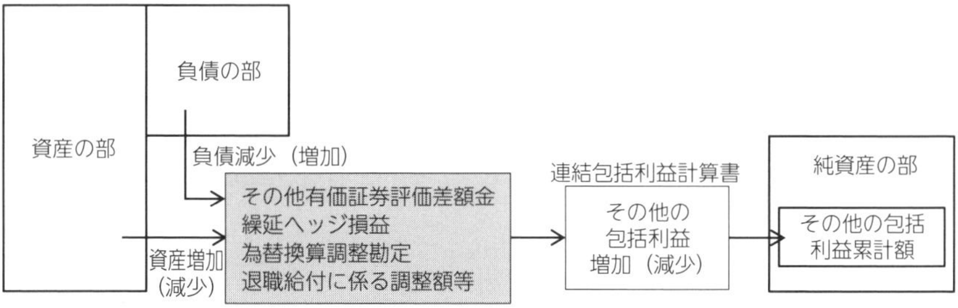

(2)　その他の包括利益の組替調整

　当期に計上した当期純利益に，過去の期間または当期に認識した「その他の包括利益」が含まれていれば，「その他の包括利益」を当期純利益に計上し直します。このことを組替調整といいます。

　例えば，**図表1－4**のとおり，20X1年度に株式（1,000株）を100百万円で購入し，20X1年度末の時価が120百万円で，その後，20X2年度中に全株（1,000株）を180百万円で売却したとします（売却直前の時価も180百万円）。

[図表1－4]　株式の含み益と売却益

（単位：百万円）

	株式の取得原価	時価	含み益（評価差額）		売却益
				増減額	
20X1年度末	100	120	＋20	＋20	
20X2年度売却直前	100	180	＋80	＋60	
20X2年度売却時点	－	－	－	△80	＋80

　この時，含み益（評価差額）の20X1年度の増加分20百万円（**図表1－5**①）と20X2年度売却直前までの増加分60百万円（20X2年度売却直前）（同②）を，各々，その他の包括利益として認識します（詳細は第5章参照）。その他の包括利益累計額は，20X1年度末が20百万円，20X2年度売却直前が80百万円（同

③）です。その後の株式の売却による売却益80百万円には，過去の期間（20X1年度）と当期（20X2年度）に認識したその他の包括利益80百万円（同③＝①＋②）が含まれているため，▲80百万円が組替調整額（同④）になります。

[図表 1 － 5]　その他の包括利益の組替調整

(単位：百万円)

	連結包括利益計算書	連結損益計算書	連結貸借対照表		
	その他の包括利益	当期純利益	その他の包括利益累計額	利益剰余金	純資産合計
20X1年度（末）	① 20		20	0	20
20X2年度売却直前	② 60		③ 80	0	80
20X2年度売却時点	④ ▲80	80	⑤ 0	80	80

　包括利益あるいはその他の包括利益は，企業活動に関する最重要指標として位置付けられているものではありません。ただし，資産・負債の状況に対する理解を高めるとともに，将来の損益への影響に係る有用な情報を提供しています。その具体例は第5章，第6章で説明します。

3．上場会社の財務情報の開示

　上場会社が決算終了後に最初に財務情報を公表するのが決算発表で，その際の公表資料が「決算短信」等です。決算発表後には，会社法に基づく財務情報の開示と金融商品取引法に基づく「有価証券報告書」の提出が続きます。以下では，決算短信等と有価証券報告書の概要を扱います。

(1)　決算短信等
　上場会社は，証券取引所の上場規程により，決算の内容が定まったらただち

にその内容を開示することが義務付けられています。決算短信は「決算に関する有用な投資情報を，その内容がまとまった時点でただちに，市場，投資者に迅速に伝達するもので，決算発表の中心的な開示資料」[3]として，決算の要点をまとめたものです。決算短信は年度決算だけでなく，四半期ごとに作成・開示します。四半期決算内容の要点をまとめた決算短信に相当する書類は，四半期決算短信といいます。決算短信では，速報性が求められる事項をまとめたサマリー情報，経営成績・財政状態の概況および今後の見通しに加え，連結財務諸表と主な注記の記載が要請されています。図表1－6は，東京証券取引所が用意しているサマリー情報の様式[4]の抜粋です。

［図表1－6］ 決算短信のサマリー情報の様式

1．**年＊月期の連結業績（**年**月**日～ **年**月**日）

(1) 連結経営成績 （％表示は対前期増減率）

	売 上 高		営業利益		経常利益		親会社株主に帰属する当期純利益	
**年 ＊月期 **年 ＊月期	百万円	％	百万円	％	百万円	％	百万円	％

(注) 包括利益 **年 ＊月期 百万円 （ ％） **年 ＊月期 百万円 （ ％）

	1株当たり当期純利益	潜在株式調整後1株当たり当期純利益	自己資本当期純利益率	総資産経常利益率	売上高営業利益率
**年 ＊月期 **年 ＊月期	円 銭	円 銭	％	％	％

(参考) 持分法投資損益 **年 ＊月期 百万円 **年 ＊月期 百万円

(2) 連結財政状態

	総資産	純資産	自己資本比率	1株当たり純資産
**年 ＊月期 **年 ＊月期	百万円	百万円	％	円 銭

(参考) 自己資本 **年 ＊月期 百万円 **年 ＊月期 百万円

---

3 東京証券取引所ウェブページ記載内容を筆者が一部編集。

4 「決算短信・四半期決算短信作成要領等」（2020 年 11 月）通期第 1 号参考様式〔日本基準〕（連結）。

(3) 連結キャッシュ・フローの状況

	営業活動による キャッシュ・フロー	投資活動による キャッシュ・フロー	財務活動による キャッシュ・フロー	現金及び現金同等物 期末残高
**年 *月期 **年 *月期	百万円	百万円	百万円	百万円

2．配当の状況

	年間配当金					配当金 総額 (合計)	配当性向 (連結)	純資産配 当率 (連結)
	第1四半期末	第2四半期末	第3四半期末	期　末	合　計			
**年 *月期 **年 *月期	円　銭	円　銭	円　銭	円　銭	円　銭	百万円	％	％
**年 *月期(予想)								

　　連結経営成績として，売上高に加え，1で説明した営業利益，経常利益，親
会社株主に帰属する当期純利益が最初に記載されていることからも，この3つ
の利益が株主・投資家にとり重要な情報であることがわかります。そのほか，
1株当たり当期純利益，自己資本当期純利益率，総資産経常利益率等もサマ
リー情報に含まれます。なお，次章以降で触れる自己資本は，「純資産合計－
株式引受権－新株予約権－非支配株主持分」で計算されます。「ROE」(Return
on Equity)ともいわれる自己資本当期純利益率は，親会社株主に帰属する当
期純利益と自己資本から計算されます[5]。

　　実務上，決算発表に際し，決算短信だけでなく，決算短信の補足説明資料や，
経営者や担当役員による決算説明に使う決算内容をまとめた資料を作成・公表
している会社が多くみられます。

　　なお，投資判断材料の提供の機能を果たす制度として，証券取引所の適時開
示制度があります。適時開示制度は，証券取引所を通して上場会社から投資者
に，有価証券の投資判断に重要な影響を与える上場会社の業務，運営または業
績等に関する最新の会社情報を迅速に提供するためのものです。決算短信，四

5　親会社株主に帰属する当期純利益÷((期首自己資本＋期末自己資本)÷2)×100

半期決算短信は，適時開示が求められる会社情報に含まれています。

適時開示が求められる会社情報は大きく分けて，「上場会社の情報」と「子会社の情報」に分けられます。「上場会社の情報」は，決定事実，発生事実，決算情報，業績予想，配当予想の修正等，その他の情報に分けられます。同様に，「子会社の情報」は，決定事実，発生事実，業績予想の修正等からなります。主な「上場会社の情報」は**図表1－7**のとおりです。

[図表1－7]　主な「上場会社の情報」

決定事実	・自己株式の取得 ・ストック・オプションの付与 ・剰余金の配当 ・合併等の組織再編行為 ・公開買付け又は自己株式の公開買付け ・事業の全部又は一部の譲渡又は譲受け ・業務上の提携又は業務上の提携の解消 ・子会社等の異動を伴う株式又は持分の譲渡又は取得その他の子会社等の異動を伴う事項　等
発生事実	・主要株主又は主要株主である筆頭株主の異動 ・親会社の異動 ・支配株主（親会社を除く）の異動又はその他の関係会社の異動 ・債権の取立不能又は取立遅延　等
決算情報	決算短信 ・四半期決算短信
業績予想，配当予想の修正等	・業績予想の修正 ・予想値と決算値の差異等 ・配当予想 ・配当予想の修正
その他の情報	投資単位の引下げに関する開示　等

(2)　有価証券報告書

金融商品取引法に基づき，上場会社等は有価証券報告書を内閣総理大臣（の

権限委任を受けた各所管の財務局）に提出しなければなりません。「ゆうほう」と略される有価証券報告書は，投資家が投資判断を行うために提供されるものであり，複数の会社を容易に比較できるよう，法令により様式や表示方法が定められています。有価証券報告書は，金融庁の電子開示システム「EDINET」で閲覧可能です。

　有価証券報告書は，大きくは「非財務情報」と「財務情報」の２つの部分で構成されています。**図表１－８**は有価証券報告書の記載項目で，前半の「企業の概況」「事業の状況」「設備の状況」「提出会社の状況」から構成されるのが非財務情報です。「経理の状況」が財務情報に当たり，連結財務諸表等と個別財務諸表で構成されています。

[図表１－８]　有価証券報告書の記載項目

第1 企業の概況	1 主要な経営指標等の推移 2 沿革 3 事業の内容	4 関係会社の状況 5 従業員の状況
第2 事業の状況	1 経営方針，経営環境及び対処すべき課題等 2 事業等のリスク 3 経営者による財政状態，経営成績及びキャッシュ・フローの状況の分析	4 経営上の重要な契約等 5 研究開発活動
第3 設備の状況	1 設備投資等の概要 2 主要な設備の状況	3 設備の新設，除却等の計画
第4 提出会社の状況	1 株式等の状況 2 自己株式の取得等の状況 3 配当政策	4 コーポレート・ガバナンスの状況等
第5 経理の状況	1 連結財務諸表等	2 財務諸表等

　連結財務諸表等は以下で構成されています。

- 連結貸借対照表
- 連結損益計算書及び連結包括利益計算書
- 連結株主資本等変動計算書
- 連結キャッシュ・フロー計算書
- 注記
- 連結附属明細表[6]

　決算短信では，主な注記の記載が要請されているのみであるため，金融商品取引法に基づく連結財務諸表のすべての注記を確認するには，有価証券報告書を参照する必要があります。「注記」は，連結財務諸表に関わる詳細な情報を提供しています。注記の最初に記載されているのが，「連結財務諸表作成のための基本となる重要な事項」で，「連結の範囲に関する事項」（連結子会社の数および主要な連結子会社の名称等）や「持分法の適用に関する事項」（持分法を適用した非連結子会社または関連会社の数およびこれらの主要な会社の名称等），「連結子会社の事業年度等に関する事項」「会計方針に関する事項」が含まれます。「会計方針に関する事項」には，以下が含まれます。

- 重要な資産の評価基準及び評価方法
- 重要な減価償却資産の減価償却の方法
- 重要な引当金の計上基準
- 退職給付に係る会計処理の方法
- 重要な収益及び費用の計上基準
- 連結財務諸表の作成の基礎となった連結会社の財務諸表の作成に当たって採用した重要な外貨建の資産又は負債の本邦通貨への換算の基準
- のれんの償却方法及び償却期間

6　社債明細表，借入金等明細表および資産除去債務明細表等が含まれる。

なお，上場会社等は，有価証券報告書に加え，第1～第3四半期について四半期報告書を提出する必要があります。

> **☝POINT**
>
> **会社法に基づく財務情報の開示**
>
> 　会社法は，株主および債権者保護の観点から，日本国内のすべての株式会社に，株主および債権者への財務情報である計算書類（およびその附属明細書）の作成を求めており，上場会社等は連結計算書類の作成も必要です。上場会社は，連結計算書類等を定時株主総会に先立って株主に提供する必要があります。計算書類と連結計算書類は以下のとおりです。
>
> | 計算書類 | 貸借対照表，損益計算書，株主資本等変動計算書，個別注記表 |
> |---|---|
> | 連結計算書類 | 連結貸借対照表，連結損益計算書，連結株主資本等変動計算書，連結注記表 |
>
> 　計算書類，連結計算書類の提出先は各会社の株主で，株主総会の承認または株主総会への報告が必要です。なお，計算書類および事業報告（事業年度ごとの会社の事業内容や状況に関する事実を報告する書類）を合わせて計算書類等といいます。

連結決算の仕組み

第1章から第3章は，本書を読み進めていくにあたっての基礎知識編で，第2章では，連結決算の仕組みを取り上げます。連結決算に実際に携わった経験のある読者の方は限定的であると考え，連結財務諸表の作成に関して，作成手順の概要，グループ会社間の取引（内部取引）の相殺消去，子会社の当期純利益の振替に絞って説明をしていきます。また，関連会社の業績を連結財務諸表に反映させる「持分法」も本章で扱います。連結決算に自信があるという方は，次章に進んでください。

1．連結財務諸表作成手順の概要

議決権を有する発行済株式数に対する持株数の比率を，持分比率といいます。ある会社が他の会社の議決権の過半数を取得した時，株式を取得した会社は親会社，株式を取得された会社は子会社になります[1]。親会社は，子会社を含むグループ全体の業績や財産の状態を明らかにする連結財務諸表を作成します。

その作成手順の最初は，親会社と子会社の個別財務諸表の単純合算です。親会社の持分比率[2]にかかわらず，子会社の個別財務諸表を科目ごとに，そのま

---

1 議決権の40％以上を保有し一定の要件を充足する場合も子会社になる。

ま合算します。例えば，親会社の持分比率が60％の子会社でも，資産や負債，売上高の金額に60％を掛けてから合算するということはしません。なお，外貨建てで作成されている海外子会社の個別財務諸表は，連結財務諸表を作成する際，あらかじめ日本円に換算しておく必要があります。外貨の日本円への換算に係る詳細は第11章で取り上げます。

　個別財務諸表の単純合算の次は，「連結修正消去仕訳」です。親会社と子会社を「１つの企業集団（グループ）」と考える連結決算では，親会社と子会社の間（以下「親子間」）あるいは子会社間の取引は，グループの外からは取引自体が行われていないことになります。そのため，連結財務諸表上では，親子間あるいは子会社間の取引を「なかったことにする」調整をします。このように，親会社と子会社の個別財務諸表の単純合算したものについて，連結財務諸表を作るために行う調整仕訳を，連結決算では「連結修正消去仕訳」といいます。

[図表２－１]　連結財務諸表の作成の流れ

２．投資と資本の相殺消去

　連結修正消去仕訳の１つが，親会社から子会社への「投資」と，それに対応する子会社の「資本」を相殺消去する「投資と資本の相殺消去」です。

　例えば，子会社を新たに設立するときには，親会社が子会社に対して出資（投資）し子会社の株式を取得，「子会社株式」が個別貸借対照表に計上されま

2　他の子会社が対象子会社の株式を保有している場合は，持株数に他の子会社の持分比率を乗じた株式数を持株数に加えて計算する。

す（**図表２－２**の「親会社の貸借対照表」）。子会社には親会社からの投資資金が払い込まれ，子会社の個別貸借対照表には資本金（および資本準備金）が発生するとともに，資産として現金が計上されます（同「新たに設立した子会社の貸借対照表」）。

[図表２－２]　親会社と子会社の個別貸借対照表の合算

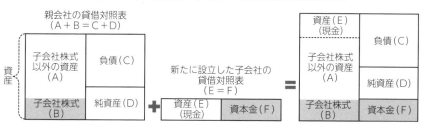

　この取引は，連結決算では親子間の取引に過ぎないので，連結財務諸表ではこれらの取引を認識すべきでなく，連結修正消去仕訳により，なかったことにする（相殺消去する）必要があります。この連結修正消去仕訳が「投資と資本の相殺消去」です。

[図表２－３]　投資と資本の相殺消去

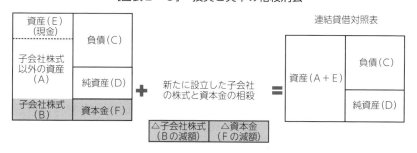

　投資と資本の相殺消去は，子会社を設立した時だけでなく，グループ外の会社の議決権を有する発行済株式の過半を取得してその会社を子会社化し，その子会社を含む連結財務諸表を作成する際にも必要になります。詳細は第７章で

説明します。

3. グループ内の取引（内部取引）の相殺消去

親子会社間または子会社間の商品・製品の売買は、グループの外からみれば、グループ内での商品・製品の移動に過ぎません。連結決算では、「グループ各社から集めた個別財務諸表の合算」が常に前提になるので、グループ内の商品・製品の売買で、グループ内の各社の個別財務諸表に計上されている売上と仕入高（売上原価）は、連結修正消去仕訳として相殺消去します。

例えば、親会社（以下「P社」）が、当期にグループ外の会社から現金5,000円で仕入れた商品を5,500円で子会社S社に売却し、S社から現金で商品代金を受領したとします。その後、S社がその商品をグループ外に6,000円で現金で売却した場合、P社で売上高5,500円、子会社S社で売上原価5,500円が計上されています。P社とS社の個別財務諸表を単純に合算したまま連結財務諸表を作成すると、この取引で売上高が5,500円＋6,000円＝11,500円、売上原価が5,000円＋5,500円＝10,500円になります。

しかし、グループ全体で考えた場合は、当期にグループ外の会社から5,000

[図表2-4] 親子間の売買取引に係る相殺消去

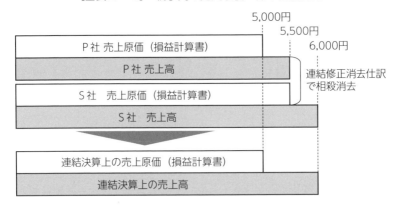

円で仕入れた商品を6,000円でグループ外に売却しているだけですから，売上高や売上原価が過大に計上されています。したがって，P社での売上高5,500円とS社の売上原価5,500円を，連結決算上，相殺消去する必要があります。

このほか，グループ内での金銭の貸借に伴う利息の受取り・支払（受取利息，支払利息），不動産等の資産の貸借に伴う賃貸料・賃借料，グループ内で行われた取引に係る債権と債務も，相殺消去します。

このような内部取引高の相殺消去仕訳は，親会社が子会社の発行済株式総数のすべてを保有していてもいなくても，その内容（数字）に影響しません。ただし，以下で説明する子会社の当期純利益の振替では，グループ外の株主（以下「非支配株主」）の有無が影響します。

4．子会社の当期純利益の振替

各子会社の当期純利益のうち，親会社の株主に帰属するのは，親会社の持分比率の分だけです。例えば，持分比率が80％の子会社の当期純利益のうち親会社の株主に帰属するのは80％だけです。残りは，グループ外の株主，すなわち

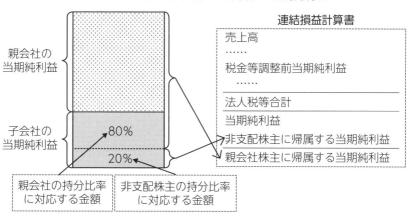

［図表2－5］　非支配株主に帰属する当期純利益

「非支配株主」に帰属します。

　一方，連結財務諸表を作成する際には，親会社と子会社の個別財務諸表を，親会社の持分比率にかかわらず単純合算しています。そのため，この段階では，子会社の当期純利益に，非支配株主に帰属する分が含まれたままです。

　そこで，親会社と子会社の個別財務諸表を単純合算した後，**図表2−5**にあるとおり，非支配株主のいる子会社の当期純利益のうちの非支配株主に帰属する部分は，持分比率に従って「非支配株主に帰属する当期純利益」に振り替える連結修正消去仕訳を行います。

5．関連会社と持分法

　グループ外の会社の株式を購入し，議決権の20％以上50％以下を保有すれば，その会社をコントロールできないまでも，大株主として発言力を確保できます。この場合，その会社は，株式を購入した会社（以下「投資をした会社」）の関連会社になります[3]。投資をした会社は，自社の連結財務諸表を作成する際に，コントロールできない関連会社の個別財務諸表を合算することはしません。つまり，関連会社の資産や負債は，投資をした会社の連結貸借対照表に反映されません。ただし，利益や損失は，「持分法」[4]を使って連結損益計算書に反映させます。

　「持分法」とは，投資をした会社が，投資を受けた会社の資本および損益のうち投資をした会社に帰属する部分の変動に応じて，その投資の額を連結決算日ごとに修正する方法です。投資をした会社は，関連会社の当期純利益（または損失）のうちの持分比率相当額を，連結損益計算書上の「持分法による投資利益（又は損失）」（営業外収益（又は営業外費用））として認識します。加え

3　議決権の15％以上を保有し一定の要件を充足する場合も，関連会社になる。
4　持分法を適用する会社を持分法適用会社という。子会社でも持分法を適用する場合や，関連会社でも持分法を適用しない場合が稀にあり，本来は関連会社と持分法適用会社は分けて考える必要がある。

て，連結貸借対照表上の関連会社株式の金額も増加（または減少）させます。

　例えば，年度末に60百万円を投資して30％の議決権を取得して関連会社にした会社の翌年度の当期純利益が100百万円だったとすると，投資をした会社の連結貸借対照表，連結損益計算書への影響は**図表２−６**のとおりとなります。

[図表２−６]　関連会社の利益の取り込み

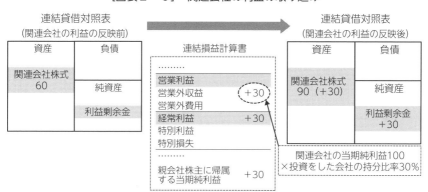

　投資をした会社が保有する持分比率と関連会社の経常利益の関係は，以下のとおりとなります。

投資をした会社が保有する持分比率が高い
➡　関連会社の当期純利益のうち投資をした会社の「持分法による投資利益」（営業外収益）に計上される割合が高い
➡　投資をした会社の経常利益への貢献度合いが高い
- -
投資をした会社が保有する持分比率が低い
➡　関連会社の当期純利益のうち投資をした会社の「持分法による投資利益」（営業外収益）に計上される割合が低い
➡　投資をした会社の経常利益への貢献度合いが低い

ただし，関連会社が当期純損失を計上している時は，保有する持分比率が高いほど，投資をした会社の経常利益へのマイナスの影響は大きくなります。

👍POINT

子会社・関連会社の違いによる総資産利益率への影響

　「4．子会社の当期純利益の振替」のとおり，子会社の当期純利益のうち，親会社の株主に帰属するのは，親会社の持分比率の分だけです。

　例えば，Q社がP社の子会社で，P社が保有するQ社に対する持分比率が50.1％の場合を考えます。この時，Q社の当期純利益のうち，P社の連結損益計算書の親会社株主に帰属する当期純利益に含まれるのは50.1％です。

　次に，Q社がP社の関連会社で，P社が保有するQ社に対する持分比率が50.0％の場合を考えます。この時，Q社の当期純利益のうち，P社の連結損益計算書の親会社株主に帰属する当期純利益に含まれるのは50.0％で，Q社が子会社でP社の持分比率が50.1％の場合とほぼ同額といってもいいでしょう。

　一方で，貸借対照表は，子会社の場合，親会社の持分比率にかかわらず，グループ内の取引等を除けば，親会社の連結財務諸表に「まるまる」加算されますが，関連会社の場合，投資をした会社の貸借対照表と合算されません。

[図表2－7]　子会社と関連会社の違いと連結総資産

P社のQ社に対する持分比率	50.1％	50.0％
Q社のP社に対する関係	子会社	関連会社
P社の親会社株主に帰属する当期純利益に含まれるQ社の当期純利益の割合	50.1％	50.0％
P社の連結総資産に含まれるQ社の総資産の割合	全額（グループ内の取引等を除く）	含まない

　その結果，例えば，総資産利益率（＝親会社株主に帰属する当期純利益÷連結総資産×100）を考えた場合，P社のQ社に対する持分比率が50.1％（Q社はP社の子会社）か50％（Q社はP社の関連会社）かで，大きな差が生じる場合が考えられます。

👍POINT

開始仕訳

　親会社と子会社の個別財務諸表の単純合算したものから連結財務諸表を作成するための調整である「連結修正消去仕訳」は，当期の取引に係る連結修正消去仕訳（以下「当期連結修正仕訳」）と，過年度の連結修正消去仕訳を引き継ぐための「開始仕訳」に分けられます。

　当期連結修正消去仕訳は，親会社と子会社の個別財務諸表を単純合算したものに対して行うため，親会社と子会社が作成する個別財務諸表には反映されていません。例えば，２で説明した「投資と資本の相殺消去」は，親会社と子会社の個別財務諸表に影響していないので，「開始仕訳」として，子会社を設立した年度以降も行い続ける必要があります。

　このほか，例えば，第７章以降で説明する外部の会社を子会社化した際の子会社の資産・負債の金額を時価にする仕訳や，のれん・無形資産の計上等も開始仕訳の対象です。ただし，過去の連結修正消去仕訳のすべてを開始仕訳として引き継ぐわけではなく，資本金，資本剰余金，利益剰余金といった純資産の部が変動する仕訳が対象になります。

コーポレートファイナンスとDCF法

・・・

　第1章から第3章は，本書を読み進めていくにあたっての基礎知識編で，第3章では，コーポレートファイナンスを取り上げます。コーポレートファイナンスは，将来の企業価値向上につながる投資の意思決定を行うためのツールとして，重要な役割を果たします。例えば，他社や他社の一部事業の買収を検討する場合，コーポレートファイナンスの手法を使って企業価値や事業価値を評価し，将来に向けた投資判断を行います。

　一方，財務会計では，過去の投資判断の成否や投資後の事業運営の巧拙等を，投資判断をした時と同様のコーポレートファイナンスの手法を使って検証し，例えば，過去の投資判断や事業運営の失敗が会社に与えた損失額を財務諸表に反映させます。そのため，財務会計を学ぶうえでは，コーポレートファイナンスの知識が不可欠です。

　さらに忘れてはならないのは，第1章で説明した財務情報の開示の中には，過去に行った意思決定に関わる情報が含まれていることです。そのため，詳細は第4章以降で触れていきますが，投資の意思決定の際は，先々開示が求められる情報をあらかじめ理解し，後々，経営者が，株主・投資家等の利害関係者が納得できる説明が可能な意思決定を行う必要があります。

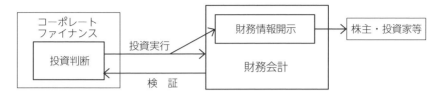

[図表3-1] コーポレートファイナンスと財務会計の関係

1. 事業価値等の評価手法

(1) 買収時等の買収金額決定フロー

　例えば，他社や他社の一部事業の買収を検討する際に，コーポレートファイナンスの手法を使って企業価値あるいは事業価値の評価を行い，将来に向けた意思決定をします。買収のプロセスを考えると，例えば，買収対象先に関する情報入手，買収スキーム（例えば，株式公開買付け）の策定，想定する買収金額等から検討します。その後，売却側・対象先とコンタクトし，対象先に対する詳細調査（デューディリジェンス）を行います。その中で，新たな情報や状況変化も踏まえ，割引キャッシュ・フロー（DCF; Discounted Cash Flow）法やDCF法以外の方法により，事業価値，企業価値，株価評価を行います。その時，事業を取り巻くマクロ経済，業界動向，事業そのものの成長度合を想定することも重要です。さらに売り手との条件交渉等を経て，基本合意書を締結します。買収金額はこの段階でおおむね決まっている場合が多いと考えられますが，その後，細部の調整を行ったうえで，最終的な買収金額が決まり，最終契約書が締結されます。

(2) 事業価値等の評価方法

　DCF法は，以下の2で説明するとおり，会社（事業）が生み出すキャッシュ・フローを計算し，リスクに応じた割引率によって評価対象の事業等の

「絶対的な」価値を算出する手法です。DCF法以外の評価方法には，マルチプル法等があります。マルチプル（＝倍率）法は，類似した上場企業の評価倍率を使って，評価対象会社の株式時価総額等を評価します。

　マルチプル（倍率）とはこの評価倍率のことで，代表的な評価倍率には，株価収益率（PER；Price Earnings Ratio），株価純資産倍率（PBR；Price Book-value Ratio）があります。PERは，株価が1株当たり当期純利益の何倍になっているか（または株式時価総額が当期純利益の何倍になっているか）を示す指標で，株価が会社の利益水準からみて割高か割安かを判断する指標です。PBRは，現在の株価が1株当たり純資産の何倍になっているか（または株式時価総額が純資産の何倍になっているか）を示す指標で，株価が純資産水準からみて割高か割安かを判断する目安として利用されます。類似した上場企業のPERやPBRを使う場合，評価対象会社の当期純利益や純資産を掛け合わせることで，対象企業の株式時価総額を算定します。

　実務では複数の評価手法を使いますが，2では，代表的な事業価値評価方法であり，第4章以降の説明の中でも使うDCF法について要点を絞って詳しくみていきます。なお，本書では，企業価値は，「事業価値」に「会社の事業に直接関連しない有価証券や遊休資産等の非事業用資産価値[1]」を加えたものと考えます。企業価値から有利子負債価値を控除すると株主価値になります。

2．DCF法による事業価値等の評価の基礎知識

　DCF法は，以下の順序で事業価値・企業価値を算出するものです。
（1）　将来FCFの予測：成長が安定するまでの期間のフリー・キャッシュ・フロー（以下「将来FCF」）予測
（2）　割引率の算定：将来FCFを現在価値に割り引く割引率としての資本コ

1　ここでは，事業用資産＝流動資産＋有形固定資産＋無形固定資産，総資産＝事業用資産＋非事業用資産とする。

ストの算定

(3) 永続価値の算出：(1) で将来FCFを予測した期間以降のFCFの価値
（永続価値）の算出

(4) 事業価値・企業価値の算出：(1) 〜 (3) を使い事業価値を算出すると
ともに，非事業用資産価値を加えた企業価値を算出

なお，FCFとは，事業用資産（営業資産）を使って生み出されるキャッ
シュ・フローであり，最終的に資金の出し手（債権者，株主）に帰属する資金
でもあります。以下，**(1)** で詳しくみていきます。

(1) 将来FCFの予測

DCF法で使用するFCFの計算では，最初に営業利益から法人税等の金額を
控除し，税引後営業利益を計算します。営業利益を使うのは，FCFが営業資
産を使って生み出されるキャッシュ・フローだからです。また，税引後とする
のは，FCFが株主と債権者に帰属するキャッシュ・フローでもあり，評価対
象の事業や企業が税金を支払った後のものだからです。法人税等の金額は，営
業利益に法定実効税率[2]を乗じて計算します。したがって，税引後営業利益を
求める算式は以下のようになります。

税引後営業利益＝営業利益－営業利益×法定実効税率
　　　　　　　　＝営業利益×（１－法定実効税率）

次に，税引後営業利益にキャッシュの流出のない有形・無形固定資産の減価
償却費をプラスします。さらに，キャッシュの出し入れが生じる運転資金[3]に
その増加額（減少額）をマイナス（プラス）し，キャッシュが出ていく設備投
資額をマイナスします。以上，FCFを算式で表すと以下になります。

---

2 会社の利益に課される税金の法律で定められている税率から計算される税額の会社の利益に対す
る割合（負担率）。詳細は第12章を参照。
3 事業用流動資産－事業用流動負債＝売上債権（売掛金等）＋棚卸資産－仕入債務（買掛金等）

$$FCF = 営業利益 \times (1 - 法定実効税率) + 減価償却費$$
$$\pm 運転資金増減 - 設備投資額$$

このように計算されるFCFは，対象先の会社あるいは事業の成長が安定するまでの期間（実務上は5年程度（3〜10年））にわたり予測していきます。

☞POINT
フリーキャッシュ・フローの範囲

先に述べたとおり，FCFは，営業資産を使って生み出されるキャッシュ・フローですので，営業資産に含まれない有価証券や株式から生じる受取利息，受取配当金は含めません。また，FCFは債権者に帰属するキャッシュ・フローでもあるので，利息を支払う前のキャッシュ・フローでなければなりません。そのため，FCFには，営業外損益に含まれる金融取引に関係するキャッシュ・フローを含めません。

(2)　割引率の算定

将来FCFは「将来」のFCFであるので，時間価値を踏まえ，現時点でどのくらいの価値があるのかを表したもの，すなわち「現在価値」に換算します。現在価値に換算することを「割り引く」といい，そのために使うのが割引率で，ここでは「資本コスト」を使います。ここでの資本は，自己資本と有利子負債のことです。資本コストは資本を調達し利用する際のコストで，投資家が会社に求める期待収益の意味合いもあります。

資本コストにもいろいろあるのですが，ここでは，比較的扱いが容易で最もよく使われている加重平均資本コスト（WACC; Weighted Average Cost of Capital）を使います。WACCは，以下で説明する債務コスト率（または負債コスト），自己資本コスト率（または株主資本コスト），有利子負債（時価），株式の時価総額を使い，以下のように算出します。

$$\text{WACC} = \frac{\text{有利子負債}}{\text{有利子負債} + \text{株式の時価総額}} \times \left(\begin{array}{c} \text{税引後} \\ \text{債務コスト率} \end{array}\right)$$

$$+ \frac{\text{株式の時価総額}}{\text{有利子負債} + \text{株式の時価総額}} \times \left(\begin{array}{c} \text{自己資本} \\ \text{コスト率} \end{array}\right)$$

（注）　ここでの有利子負債は時価

①　債務コスト率

　債務コスト率は，金融機関からの借入金の金利や自社が発行している債券の金利等で決まります。金利は一般的に，リスクフリーレートと会社の債務の信用リスクの度合いに応じて追加される信用スプレッドで決まります。リスクフリーレートとは，安全（＝リスクフリー）な資産から得られるリターンのことで，通常，長期国債の利回り等を使います。例えば，日本では10年物国債の利回りがよく使われます。

　なお，債務コスト率は，「支払利息÷（平均）有利子負債残高」でも算定できます。支払利息は，損益計算書の営業外費用に計上されています。有利子負債は，短期借入金，長期借入金，社債等です。

　有利子負債から生じる支払利息は，法人税額の基礎になる課税所得の計算上，損金になり，課税所得を減少させます。つまり，節税効果があります。そこで，支払利息の節税効果を考慮した債務コスト率（以下「税引後債務コスト率」）を使います。

税引後債務コスト率＝節税効果考慮前の債務コスト率
　　　　　　　　　× （1 −法定実効税率）

　支払利息の節税効果を考慮する前の債務コスト率を「支払利息÷（平均）有利子負債残高」で計算する場合は，税引後債務コスト率の算式は以下になります。

$$税引後債務コスト率 = \frac{支払利息 \times (1 - 法定実効税率)}{(平均) 有利子負債残高}$$

これまで説明してきたリスクフリーレートや評価対象会社に対する信用リスク等の高低と，税引後債務コスト率およびWACCの関係は，以下のとおりとなります。

[図表3－2]　債務コスト率とWACCの関係

	金利（リスクフリーレート）の水準		評価対象会社（事業）の信用リスク		法定実効税率	
	高	低	高	低	高	低
債務コスト率	高	低	高	低	低	高
WACC	高	低	高	低	低	高

②　自己資本コスト率

自己資本コスト率は，ある株式に投資をしている投資家が期待する収益率を意味します。ここでは，資本資産評価モデル（CAPM; Capital Asset Pricing Model）を使い，自己資本コスト率を計算します。

CAPMによる自己資本コスト率は，以下のように算定します。

$$自己資本コスト率 = リスクフリーレート（r_{RF}）+ \beta \times 市場リスクプレミアム$$

リスクフリーレートは，実務的に長期国債の利回り等を使います。市場リスクプレミアムは，株式市場全体に投資した場合の市場リターン（r_M）のリスクフリーレート（r_{RF}）を上回る部分で，$r_M - r_{RF}$で計算します。

βは，株式市場全体の値動きに対し，評価対象の株式の値動きの程度を回帰分析により測定したもので，Bloombergなどの情報ベンダーが提供しています。

その特徴は次のとおりです。

● 株式市場全体の値動きと同様に株価が上下動するなら$\beta = 1$，株式市場全体より大きく変動する場合は$\beta > 1$。

● βの値が大きい株式のほうが，自己資本コスト率は高くなります。投資家は「βの値が大きい＝リスクの高い」株式と考えます。投資家はリスクの高い株式には，高いリターンを期待します。

リスクフリーレートや市場リスクプレミアムの高低等と自己資本コスト率およびWACCの関係は，以下のとおりです。

[図表3－3]　自己資本コスト率とWACCの関係

	金利（リスクフリーレート）の水準		市場リスクプレミアム		β	
	高	低	高	低	大	小
自己資本コスト率	高	低	高	低	高	低
WACC	高	低	高	低	高	低

③　有利子負債の割合と資本コスト

会社全体の加重平均資本コスト（WACC）の計算式は，すでに示したとおり，以下のようになります。

$$\text{WACC} = \frac{\text{有利子負債}}{\text{有利子負債}＋\text{株式の時価総額}} \times \left[\begin{array}{c}\text{税引後}\\\text{債務コスト率}\end{array}\right]$$

$$+ \frac{\text{株式の時価総額}}{\text{有利子負債}＋\text{株式の時価総額}} \times \left[\begin{array}{c}\text{自己資本}\\\text{コスト率}\end{array}\right]$$

（注）　ここでの有利子負債は時価

一般的に，税引後債務コスト率は自己資本コスト率より低いため，債務（有利子負債）を増加させればWACCは低下するように見えます。しかし，債務

（有利子負債）を増加させると会社の健全性は低下します。そのため，信用リスクが高まり，税引後債務コスト率が上昇すると考えられます。また，健全性の低下から，株主がより高いリターンを求めることで，自己資本コスト率も上昇すると考えられます。WACCの計算式の税引後債務コスト率と自己資本コスト率を静的に捉え，債務の増加でWACCは低下するといえるほど単純ではないので注意が必要です。

(3) 永続価値の算出

(1)では，成長が安定するまでの期間の将来FCFを予測しましたが，通常，その後も会社あるいは事業は存続すると考えられます。そのため，(1)で将来FCFを予測した期間以降のFCFの価値（以下「永続価値」）も，事業価値の評価には必要です。例えば，ある会社の将来FCFを10年分予測し，その会社は11年目以降も存続すると考えるなら，11年目以降の永続価値も考えます。

[図表3－4] 永続価値

将来FCFを予測した期間以降のFCF

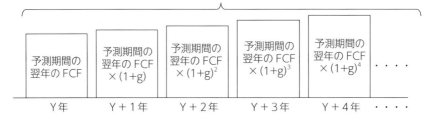

（注）成長率をg，(1)で将来FCFを用意した期間の最終年の翌年をY年とする。

永続価値は，将来FCFを予測した期間の最終年のFCFを使ってその翌年のFCFを予測し，そのFCFが一定の成長率で成長し続けると仮定して計算します。具体的には，以下の計算式を使います。

永続価値＝予測期間の翌年のFCF÷（WACC－成長率）

（4） 事業価値・企業価値の算出

（1）から（3）で用意した t 年目までの将来キャッシュ・フロー（FCF）と（t＋1年目以降の）永続価値を資本コスト（WACC）を使って割り引き，以下のように事業の現在価値，すなわち事業価値を算出します。

$$事業価値 = \frac{1 年目のFCF}{1 + WACC} + \frac{2 年目のFCF}{(1 + WACC)^2} + \frac{3 年目のFCF}{(1 + WACC)^3} + \cdots$$
$$+ \frac{t 年目のFCF + 永続価値}{(1 + WACC)^t}$$

すでに説明したとおり，ここで算出した事業価値に非事業用資産価値を加えると企業価値になり，企業価値から有利子負債価値を控除すると株主価値になります。株主価値を発行済株式総数で割れば，株価を推計できます。

以上，財務会計を知るうえで必要になるDCF法について説明してきました。なお，実際に意思決定を行う場合には，評価の前提に複数のシナリオを設けたり，DCF法以外の複数の評価方法を使ったりすること等により，事業価値，企業価値，株価は，金額のレンジで表されることが多いと考えられます。

3．算定した事業価値等に係る変数変化の影響

DCF法による事業価値評価の方法をみてきましたが，計算された事業価値評価額や，それを基礎に算定した企業価値評価額や株価（以下「事業価値等評価額」）に絶対的な正解はありません。さまざまな要因で，事業価値等評価額のレンジが上下に広がることが考えられます。あるいは，例えば，会社・事業の買い手として「この取引をどうしても成立させたい」という意思が働くと，投資予算としての上限に近いところで意思決定することがあるかもしれません。

DCF法による事業価値等評価額が高くなる要因には，例えば，投資判断時の楽観的な将来FCF予想や低めの資本コスト等が挙げられます。

将来FCFは，事業を取り巻くマクロ経済，業界動向，事業そのものの成長度合，シナジーの内容・実現までの期間等，多くの前提を置いて見積ります。そのため，その前提が（結果として）楽観的なものであれば予想営業利益の増加等につながり，将来FCFが増加し，事業価値・企業価値も楽観的なものになります。

```
投資判断時に「楽観的」な前提を選択
➡  楽観的な業績・財務見通し
➡  （中立的な前提に比べ）予想営業利益が増加
➡  将来FCF予想額合計が増加
➡  事業価値等評価額が増加
```

　資本コストも同様です。自己資本コスト（＝リスクフリーレート（r_{RF}）＋β×市場リスクプレミアム）のうちのβは，すでに述べたとおり「評価対象の株式が株式市場全体に比べて，どの程度変動するかを回帰分析により測定したもの」で，回帰分析する期間や当該期間のデータとして，日次，週次，月次といった選択があります。市場リスクプレミアムも同様です。βと事業価値等評価額との関係は，以下のとおりです。

```
投資判断時に取りうる選択肢の中で低い水準の$\beta$が適切と判断
➡  自己資本のコストが相対的に低下
➡  資本コスト（WACC）が低下
➡  将来FCFの現在価値が増加
➡  事業価値等評価額が増加
```

　さらに，買収対象会社が小規模の場合，相対的に倒産リスクが高いとの考えに基づき，そのリスクを考慮したサイズプレミアムを自己資本コスト率に加算することが実務では行われています。このような場合，サイズプレミアムと事

業価値等評価額との関係は，以下のとおりです。

> 投資判断時に使う自己資本コスト率にサイズプレミアムを追加，または高いサイズプレミアムを使用
> ➡ 自己資本のコストが相対的に上昇
> ➡ 資本コスト（WACC）が上昇
> ➡ 将来FCFの現在価値が減少
> ➡ 事業価値等評価額が減少

　そのほか，永続価値の算定の際に用いた「将来FCFを予測した期間以降の成長率」が高ければ永続価値が大きくなり，事業価値も大きくなります。さらに，企業価値は事業価値に非事業用資産価値を加えたものなので，大きな非事業用資産がある場合，その価値評価が企業価値評価に大きく影響します。
　ファイナンスの技法による将来予測に係る判断が合理的であったかどうかは，取引が成立して以降，損益の実績や第10章で説明するのれんの減損の要否等を通して検証され続けます。そのため，企業価値・株主価値評価を行う際には，将来，財務会計でどのような検証が行われるかを知っておくことが必要です。

【DCF法を具体的に理解する】

　ある会社への投資について考えてみます。前提は以下のとおりです。

- 初期（0年目の）投資額は1,800百万円。
- 営業利益は1年目が500百万円，以降毎年3％ずつ増加。
- 6年目の年度末に業務を終え，全資産を400百万円で売却する。
- 毎年の追加投資額は170百万円，減価償却費は250百万円。
- 運転資金は営業利益の10％，法定実効税率は30％。

この場合，将来FCFの詳細は以下のようになります。

（単位：百万円）

	0年目	1年目	2年目	3年目	4年目	5年目	6年目
営業利益		500.0	515.0	530.5	546.4	562.8	579.6
法人税等		▲150.0	▲154.5	▲159.1	▲163.9	▲168.8	▲173.9
減価償却費		250.0	250.0	250.0	250.0	250.0	250.0
運転資金の増減		▲50.0	▲1.5	▲1.5	▲1.6	▲1.7	▲1.7
初期投資額	▲1,800.0						
追加設備投資額		▲170.0	▲170.0	▲170.0	▲170.0	▲170.0	▲170.0
資産売却額							400.0
FCF（割引前）	▲1,800.0	380.0	439.0	449.8	460.9	472.3	884.0
						FCF合計	1,285.9
（参考）運転資金	−	50.0	51.5	53.0	54.6	56.3	58.0

（補足）2 （1）の説明のとおり，運転資金の増加によりFCFは減少する。

　上記の前提の中で，毎年の営業利益の成長率を３％から５％に引き上げた場合の将来FCFは以下のように変化し，合計は1,285.9百万円から1,397.0百万円に増加します。

（単位：百万円）

	0年目	1年目	2年目	3年目	4年目	5年目	6年目
営業利益		500.0	525.0	551.3	578.8	607.8	638.1
法人税等		▲150.0	▲157.5	▲165.4	▲173.6	▲182.3	▲191.4
減価償却費		250.0	250.0	250.0	250.0	250.0	250.0
運転資金の増減		▲50.0	▲2.5	▲2.6	▲2.8	▲2.9	▲3.0
初期投資額	▲1,800.0						
追加設備投資額		▲170.0	▲170.0	▲170.0	▲170.0	▲170.0	▲170.0
資産売却額							400.0
FCF（割引前）	▲1,800.0	380.0	445.0	463.3	482.4	502.6	923.7
						FCF合計	1,397.0
（参考）運転資金	−	50.0	52.5	55.1	57.9	60.8	63.8

　毎年の営業利益の成長率が３％の場合で，資本コストを５％，８％とした時

の将来FCFの現在価値は，以下のとおりです。

（単位：百万円）

	0 年	1 年	2 年	3 年	4 年	5 年	6 年	合計
FCF（割引前）	▲1,800.0	380.0	439.0	449.8	460.9	472.3	884.0	1,285.9
現在価値（資本コスト 8 %）	▲1,800.0	351.9	376.4	357.0	338.7	321.4	557.1	502.5
現在価値（資本コスト 5 %）	▲1,800.0	361.9	398.2	388.5	379.2	370.0	659.7	757.5

　例えば，資本コスト 8 %の時の 1 年目のFCFの現在価値は，$380.0 \div (1.08)$ $= 351.9$百万円，2 年目は$439.0 \div (1.08)^2 = 376.4$百万円というように計算されます。資本コストを 8 %から 5 %にすると，将来FCFの現在価値の合計は502.5百万円から757.5百万円に増加します。

第 **II** 部

ロジック編

固定資産の減損が求められるのはなぜか？

減損とは，「投資した固定資産が予想した収益を上げられず，投資額の回収が見込めなくなった時に，回収が見込めない金額を損失として認識すること」です[1]。ここでの固定資産には，土地，建物，店舗設備や工場設備が含まれます。

第 7 章以降で説明する，グループ外の会社を子会社にした時などに計上したのれんは，無形固定資産に分類されるので，同様に減損の要否を考える必要があります。のれんの減損は，本章での説明を踏まえ，第10章で扱います。

1. 固定資産の減損が求められる理由

資産は，将来，獲得できるキャッシュ・フローで価値を評価されるとすると，収益性が当初の予想より低下し投資額の（一部の）回収が見込めなくなった資産の帳簿価額は，本来の価値よりも過大になっています。回収が見込めなくなった金額はいずれ損失を認識する必要があるので，帳簿価額をそのままにしておくことは，損失の先送りを意味します。また，そのような帳簿価額を使って財務諸表を作成することが認められるなら，財務諸表を信頼して利用するこ

1　有価証券にも減損を考える必要がある。ただし，参照する会計基準が異なり，減損損失の要否の判断方法も異なる。

とができなくなります。そのため，投資額（の一部）が回収できなくなった時には，資産の帳簿価額を減額して損失を認識する，これが減損です。

　減損はいわば，投資の失敗を財務諸表に表現することを意味します。ある事業で減損した後に利益が出たとしても，それは減損によって翌期以降の減価償却費が減少するなどしたからであって，減損しなければ苦境に立たされ続けていた場合が含まれます。V字回復を演出するツールなどと揶揄されることがありますが，減損は，本来は経営者にとって厳しい会計処理といえます。

2．固定資産の減損の基本的な手順

　固定資産の減損は，(1) 資産のグルーピング，(2) 減損の兆候の有無の判定，(3) 減損損失の認識の判定，(4) 減損損失の測定，の4つの手順を踏んで行います。

(1)　資産のグルーピング（減損損失の認識・測定を行う単位の決定）
①　資産のグルーピングとは
　固定資産に減損損失を認識すべきか，すなわち，投資した固定資産が予想した収益を上げられるか否かの判定をする際には，「投資対象に係るキャッシュの流入と流出が，いつ，いくら生じるか」を見積ります。このキャッシュの流入と流出を合わせたものをキャッシュ・フローといいます。減損損失の要否の判定は，将来のキャッシュ・フロー（以下「将来キャッシュ・フロー」）の見積りを基礎に行います。

　ただし，将来キャッシュ・フローの見積りは，資産ごとに行うものとは限りません。例えば，複数の工程で複数の製造機械を使って製品を作る場合であれば，その中の1つの製造機械だけで製品は作れませんし，工場の機械を野ざらしにできないなら，屋根のある建物が必要です。つまり，複数の製造機械と建物といった複数の資産が一体となってはじめて製品を作ることができます。こういった場合，キャッシュ・フローを生み出す単位として，個々の資産をグ

ループにまとめる必要があります。これを資産のグルーピングといいます。また，キャッシュ・フローを生み出す単位が複数の資産からなる場合，それらの資産のまとまりを資産グループといいます。グルーピングの目的は，将来キャッシュ・フローを見積り，減損損失の認識・測定を行う単位を決定することです。

②　資産のグルーピングの手順

　資産のグルーピングは，他の資産または資産グループのキャッシュ・フローからおおむね独立したキャッシュ・フローを生み出す最小の単位で行います。実務的には，以下の2点を考慮して決定します。

- 店舗や工場などの「資産と対応して」「継続的に収支の把握」がなされている単位であるか。
- グルーピングの単位を決定する基礎から生じるキャッシュ・フローが「相互補完的」か。

　「資産と対応して」とは，例えば，賃貸不動産などの1つの資産において，1棟の建物が複数の単位に分割され継続的に収支の把握がなされていても，通常はこの1つの資産がグルーピングの単位を決定する基礎になります。

　「継続的に収支の把握」とは，実務的には，管理会計上の区分や投資の意思決定を行う際の単位等を考慮することになると考えられます。管理会計上の区分を変更する場合等は，資産のグルーピングを変更する必要があると考えられます。

　「相互補完的」とは，グルーピングの基礎になるグルーピングの単位（以下「A」とする）を他の単位（以下「B」とする）から切り離した時に，（B）から生じるキャッシュ・イン・フローに大きな影響を及ぼすかを検討します。重要な影響を及ぼす場合，相互補完的であると認められ，（A）と（B）は一括してグルーピングを行います。

（2）　減損の兆候の有無の判定

　固定資産の減損の手順の２番目は，減損の兆候の有無の判定です。減損の兆候とは，「資産（グループ）に減損が生じている可能性を示す事象」です。減損の兆候として，固定資産の減損に係る会計基準では次の４つの例が示されています。

① 資産（グループ）を使用している営業活動から生ずる損益またはキャッシュ・フローが，継続してマイナスになっている（または継続してマイナスになる見込みである）。

② 資産（グループ）を使用している範囲または方法に，当該資産（グループ）の回収可能価額を著しく低下させるような変化が生じた（あるいは生じる見込みである）。

③ 資産（グループ）を使用している事業に関連して，経営環境が著しく悪化した（または悪化する見込みである）。

④ 資産（グループ）の市場価格が著しく下落した。

　実際に減損損失の認識に至った経緯の実例については，後述する「【情報開示】減損損失に係る開示項目」を参照してください。

　②の回収可能価額とは，資産（グループ）の「正味売却価額」と「使用価値」のいずれか高いほうの金額をいいます。「正味売却価額」は，資産（グループ）の時価から処分費用見込額を控除して算定する金額です。また，「使

[図表４－１]　回収可能価額

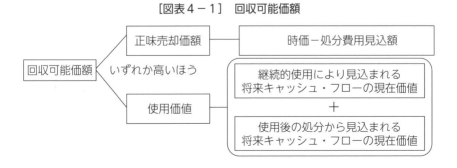

用価値」は，対象の資産（グループ）を継続的に使用することで見込まれる将来キャッシュ・フローの現在価値と使用後の処分により見込まれる将来キャッシュ・フローの現在価値の合計をいいます。

　減損の兆候がある場合にのみ，固定資産の減損の3番目の手順である減損損失の認識の判定を行います。

(3)　減損損失の認識の判定

　減損の兆候がある場合，対象の資産（グループ）に減損損失を認識するかどうかの判定をします。判定は，その資産（グループ）から得られる将来キャッシュ・フローの総額と帳簿価額を比較することで行います。この時の将来キャッシュ・フローは，時間価値を反映させる前，すなわち割引前の将来キャッシュ・フローです[2]。また，帳簿価額とは，取得原価に過去の減価償却や減損損失を反映させたものです。

　「帳簿価額＞割引前将来キャッシュ・フローの総額」（**図表4－2**の左側）なら，減損損失の認識が必要です。「帳簿価額≦割引前将来キャッシュ・フローの総額」（同右側）なら，減損損失の認識は不要です。

[図表4－2]　減損損失の認識要否

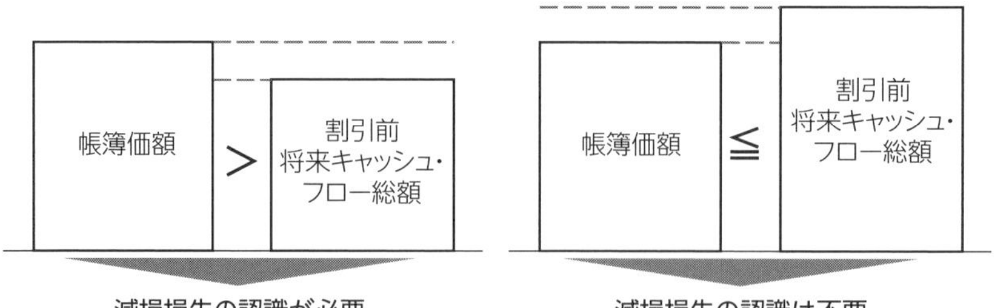

「帳簿価額≦割引前将来キャッシュ・フローの総額」でも，時間価値を考慮

2　将来キャッシュ・フローの割引については，第3章を参照。

した割引後将来キャッシュ・フローを計算したら,「帳簿価額＞割引後将来キャッシュ・フロー」となる場合が想定されます。にもかかわらず減損損失を認識しないのは,「減損損失の測定は,将来キャッシュ・フローの見積りに大きく依存しており,その測定は主観的にならざるを得ない。そういった点を考慮すると,減損の存在が相当程度に確実な場合に限って減損損失を認識することが適当」との考え方によるものです[3]。

(4) 減損損失の測定

　固定資産の減損の手順の4番目（最後）は,減損損失の測定で減損損失額を決定します。減損損失を認識する必要があると判定した資産（グループ）は,帳簿価額を回収可能価額まで減額し,帳簿価額と回収可能価額の差額は減損損失として特別損失に計上します。上述のとおり,回収可能価額は,資産（グループ）の「正味売却価額」と「使用価値」のいずれか高いほうの金額です。

[図表4－3]　減損損失認識と帳簿価額

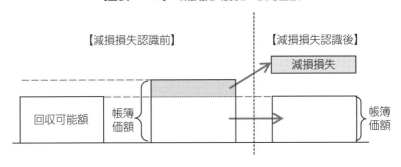

3　企業会計審議会「固定資産の減損に係る会計基準の設定に関する意見書」（平成14年8月9日）から筆者が編集。

固定資産の減損損失と「事業構造改革費用」

　「減損はいわば，投資の失敗を財務諸表に表現することを意味」すると1.で述べましたが，いわゆるリストラ（事業の再構築）に伴う固定資産の減損損失を「減損損失」としてではなく，「事業構造改革費用」等の中に含めて特別損失に表示することがあります。固定資産の減損損失が「事業構造改革費用」等に含まれているかどうかは，連結財務諸表の固定資産の減損損失に係る注記内で確認できます。

　残存耐用年数が長い固定資産の場合，将来キャッシュ・フローを見積る期間が長くなります。そのため，期間が短い場合に比べて時間価値の反映による影響が大きく，割引前将来キャッシュ・フローと割引後将来キャッシュ・フローの差額が大きくなります。

　例えば，割引前将来キャッシュ・フローの合計が同じ1,000百万円の2つの資産で考えてみます。一方の残存耐用年数は4年（割引前将来キャッシュ・フロー250百万円/年），もう一方は10年（同100百万円/年）の場合の年ごとの割引前および割引後の将来キャッシュ・フローを**図表4－4**に示しています（割引率は7％）。

　例えば，残存耐用年数4年の場合の3年目（末）の割引後将来キャッシュ・フロー204.1百万円は，割引前将来キャッシュ・フロー250百万円÷$(1+0.07)^3$，残存耐用年数10年の場合の3年目（末）の割引後将来キャッシュ・フロー81.6百万円は，割引前将来キャッシュ・フロー100百万円÷$(1+0.07)^3$により算出しています。割引前将来キャッシュ・フローが1,000百万円と同額でも，割引後将来キャッシュ・フロー＝使用価値は，以下のとおり，846.8百万円と702.4百万円となり，約144百万円の差が生じます。

[図表４－４] 残存耐用年数の違いと割引後将来キャッシュ・フロー

(単位:百万円)

		1年目	2年目	3年目	4年目	5年目	6年目	7年目	8年目	9年目	10年目	合計
残存耐用年数4年	割引前将来キャッシュ・フロー	250	250	250	250	－	－	－	－	－	－	1,000
	割引後将来キャッシュ・フロー	233.6	218.4	204.1	190.7	－	－	－	－	－	－	846.8
残存耐用年数10年	割引前将来キャッシュ・フロー	100	100	100	100	100	100	100	100	100	100	1,000
	割引後将来キャッシュ・フロー	93.5	87.3	81.6	76.3	71.3	66.6	62.3	58.2	54.4	50.8	702.4

(単純化のため，キャッシュ・フローは各年末に発生するものとします)

　以上のとおり，残存耐用年数が長い固定資産に減損損失の認識が必要になった時，割引後将来キャッシュ・フローが固定資産の帳簿価額を思った以上に下回り減損損失が大きくなることがあるため，特に注意が必要です。

残存耐用年数が長期間
➡ 割引による使用価値の減額幅が大きくなる
➡ 割引後将来キャッシュ・フローの総額が少なくなる
➡ 使用価値が小さくなる
➡ 帳簿価額と使用価値の差額が大きくなる
➡ 減損損失（特別損失）が大きくなる
➡ 当期純利益が減少する（営業利益，経常利益に影響なし）

---

(5) 減損損失と減価償却

　減損処理を行った資産は，減損損失を控除した帳簿価額に基づき減価償却を行います。固定資産の帳簿価額がゼロになるまで減価償却する場合を考えると，減損損失がゼロの時を含め，「減価償却費の合計＋減損損失額＝固定資産の取得原価」で一定です。そのため，減損損失を計上すると，減損損失を認識しな

かった場合と比較して，営業利益に以下の影響が生じます。

固定資産の減損損失を計上
➡ 減損後の減価償却すべき固定資産の帳簿価額が減少
➡ （減損損失を計上しなかった場合と比較して）翌年度以降の減価償却
　　費が減少
➡ 翌年度以降の営業利益（および経常利益，当期純利益）が増加

　例えば，**図表４－５**のとおり，取得原価800百万円，耐用年数８年の固定資産において，４年目に減損損失200百万円を計上したとします。この場合，５年目からの減価償却費は50百万円で，減損損失が発生しなかった場合に比べて50百万円少なくなっています。
　やや古い事例になりますが，株式会社みずほフィナンシャルグループが2018年度決算で，「固定資産の減損会計の適用方法について管理会計の高度化に対応した見直しを実施し，また同時に，５ヵ年経営計画の策定過程における各事業部門の将来の収益計画や店舗戦略等の見直しを進めた結果，国内リテール事業部門に帰属するソフトウェアや閉鎖予定店舗等の固定資産について減損損失

[図表４－５]　減損損失と減価償却

【減損損失発生せず】

減価償却額							
1	2	3	4	5	6	7	8年目
▲100	▲100	▲100	▲100	▲100	▲100	▲100	▲100

【４年目に減損損失▲200百万円を認識】

減価償却額							
1	2	3	4	5	6	7	8年目
▲100	▲100	▲100	▲300	▲50	▲50	▲50	▲50

（４年目は減損損失額を含む）

【未償却残高（期末）推移】

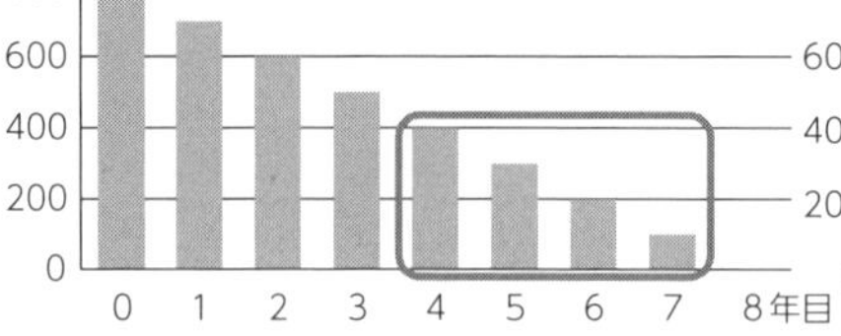

【未償却残高（期末）推移】

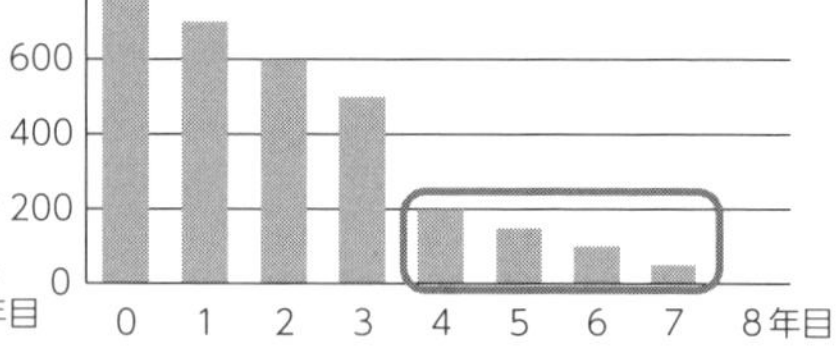

（5,007億円）を特別損失として計上」[4]しています。この減損損失で同社の2019年度以降の減価償却費は，減損損失を認識しなかった場合に比べて約5,000億円減少することになります。仮に償却期間が５年だったとすると，１年当たり約1,000億円の経費削減につながっています。

【情報開示】減損損失に係る開示項目

重要な減損損失を認識した場合，有価証券報告書に含まれる連結財務諸表の注記として，以下の項目等を記載する必要があります。加えて，有価証券報告書の他の箇所，例えば，「経営者による財政状態，経営成績及びキャッシュ・フローの状況の分析」で詳しい説明が行われる場合もあります。

---

① 減損損失を認識した資産または資産グループについては，その用途，種類，場所などの概要

② 減損損失の認識に至った経緯

③ 減損損失の金額については，特別損失に計上した金額と主な固定資産の種類ごとの減損損失の内訳

④ 資産グループについて減損損失を認識した場合には，当該資産グループの概要と資産をグルーピングした方法

⑤ 回収可能価額が正味売却価額の場合には，その旨および時価の算定方法，回収可能価額が使用価値の場合には，その旨および割引率

以下は，2020年度に減損損失を計上した会社の有価証券報告書に記載のある減損損失に係る注記のうち，上記の「②減損損失の認識に至った経緯」に該当する記載例です。

（例1）　サッポロホールディングス株式会社[5]

> 　新型コロナウイルスの影響により，当社の連結子会社であるポッカサッポロフード＆ビバレッジ株式会社の収益性が低下する見込みとなったため，所有する飲料水及び食料品生産設備の固定資産の帳簿価額を回収可能価額まで減額いたしました。

（例2）　ＡＮＡホールディングス株式会社[6]

> 　新型コロナウイルス感染症の影響に伴う航空旅客需要の大幅な減少に対応するために「ＡＮＡグループの新しいビジネス・モデルへの変革」の実施を決定し，主要な対応策の一つであるコスト構造の転換のために，一部の航空機の早期退役および訓練施設の売却を決定しました。このことから，当連結会計年度において帳簿価額を回収可能価額まで減額し，当該減少額を減損損失として特別損失（事業構造改革費用）に計上しました。

5　サッポロホールディングス株式会社の 2020 年度（2020 年 12 月期）の有価証券報告書による。なお，同社は国際会計基準（IFRS）を採用している。

6　ＡＮＡホールディングス株式会社の 2020 年度（2021 年 3 月期）の有価証券報告書による。

第 **5** 章 ━━━━━━━━━━━━━━━━━━━

金融商品の時価評価で
当期純利益が大きくブレる？

∙∙

　金融商品には，株式等の有価証券のほか，現金預金，受取手形，売掛金，貸付金等の金銭債権，支払手形，買掛金，借入金等の金銭債務といった，通常の営業活動に不可欠な資産・負債に加え，デリバティブ取引等が含まれます。

　金融商品に係る会計処理は，有価証券，デリバティブ取引，それ以外の3つに分けて考えると理解が容易です。このうち，有価証券とデリバティブ取引は，基本的に期末に時価評価し，貸借対照表上は時価で計上します。ただし，時価評価による影響は，親会社株主に帰属する当期純利益（以下「当期純利益」）に影響する場合とそうでない場合があります。

　以下では，最初に金融商品の範囲と金融商品に共通する会計処理を整理します。その後，有価証券・デリバティブ取引以外の金融資産・負債，有価証券，デリバティブ取引の順に金融商品に係る会計処理を考えていきます。

∙∙

1．金融商品の範囲

(1)　金融資産（デリバティブ取引を除く）

　金融資産とは，「将来，金銭で回収する資産」等で，現金預金，金銭債権，有価証券等が該当します。このうち，金銭債権と有価証券には以下が含まれます。

金銭債権	受取手形，売掛金および貸付金等
有価証券	株式，その他の出資証券および公社債等

　ゴルフ会員権も，実態が株式または預託保証金なら金融資産です。一方，販売するための棚卸資産や減価償却により将来的に費用化される建物や機械装置といった有形固定資産，ソフトウェア等の無形固定資産は，金融資産ではありません。

(2)　金融負債（デリバティブ取引を除く）

　金融負債は，会社の営業過程で生じる支払手形や買掛金，銀行等からの借入金，自社が発行した社債等，「将来，金銭で支払う債務」等です。一方，将来の特定の費用や損失に備えるための引当金は，契約に基づく金銭の支払義務ではないため金融負債ではありません。

(3)　デリバティブ取引

　金融商品に関する会計基準では，デリバティブ取引の特徴として，

- ●金利，有価証券価格，外国為替相場等の変化によって価値が変動し，取引を終了するために受渡しされる代金（決済金額）を算定するための想定元本[1]が決まっている。
- ●取引を行う時点で資金[2]が不要か，ほとんど必要としない。

等を挙げています。詳細は後述します。

2．金融資産（デリバティブ取引を除く）の会計処理の体系

　金融資産の会計処理は，「発生時」，「期末」，売却や契約上の権利の行使等の

1　取引の当事者があらかじめ定めた，決済金額の算出に利用するための名目上の元本の額。
2　財務会計上，正確には「当初純投資」という。

「消滅時」の3段階に分けて考えます。それまで貸借対照表に計上していなかった金融資産を新たに計上することを「発生」といい、「消滅」は、それまで貸借対照表に計上していた金融資産の計上を中止することを意味します。発生時と消滅時の会計処理は基本的に金融資産を通して共通で、違いは期末の会計処理に現れます。

　以下では、まず発生時と消滅時の会計処理を説明し、その後、金融資産の種類別に期末の会計処理を説明していきます。

(1) 発生時の会計処理

　金融資産の発生時の会計処理では、「いつ、いくらで貸借対照表に計上するか」を考えます。

　「いつ」は、代金の支払時ではなく、「金融資産の契約上の権利を生じさせる契約を締結した時」です。売掛金なら商品等の受渡しやサービスの提供が完了した時、債券であれば購入契約時（約定時）です。

　「いくら」かは、金融資産の取得にあたって金銭を支払う場合はその金額、手数料その他の付随費用があればそれを加算したもので、これを取得価額[3]といいます。金銭以外の、例えば別の金融商品を渡した場合は、その金融商品の時価に付随費用を加えたものが取得価額になります。

(2) 消滅時の会計処理

　金融資産は、①契約上の権利を行使した時、②権利を喪失した時、③権利に対する支配が他に移転した時（例えば、売却時）に消滅を認識します。この時、

3　金融商品に関する会計基準では、取得価額と取得原価を使い分けているが、ここでは取得価額で統一している。

帳簿価額とその対価としての受払額との差額を損益認識します。

3．受取手形，売掛金，貸付金その他の債権の期末の会計処理

金融商品は原則として，期末に時価評価を行います。

しかし，受取手形，売掛金，貸付金その他の債権（以下「債権」）は，通常，市場での活発な取引が行われていないため，時価は簡単に手に入りません。そのため，期末に改めて時価評価を行い時価で貸借対照表に計上する必要はありません。

ただし，これらの債権について，債務者が約束した期限までに約束した金額全額を支払ってくれるとは限りません。そのため，将来，債務者が支払えなくなり債権を回収できなくなることが見込まれる金額（貸倒見積高）を，債権の金額から差し引く必要があります。その際に用いられる勘定科目が「貸倒引当金」です。

4．有価証券の期末の会計処理と時価の反映

財務会計上の有価証券は，金融商品取引法の有価証券の定義等に従い，国債，社債等の債券[4]，株式，投資信託，国内コマーシャルペーパー，外国債，外国社債等が該当します。そのほか，国内譲渡性預金等も有価証券として扱います。

保有する有価証券の期末の会計処理は，その保有目的によって異なります。そのため，有価証券を取得する際には，会計基準が定める4つの保有目的区分，すなわち「売買目的有価証券」「満期保有目的の債券」「子会社株式及び関連会社株式」および「その他有価証券」に分類する必要があります。

保有する有価証券の期末の貸借対照表計上額は，原則，時価です。ただし，

4　国・地方公共団体や事業会社などの事業等の資金を調達するために発行する有価証券。債券の発行形態には，利付債と割引債がある。

保有目的によっては期末の貸借対照表に時価で計上することが適切とはいえないものもあり，後述するとおり，保有目的に応じた期末処理を行います。その際のポイントは，時価と帳簿価額の差額である「評価差額」の扱いです。評価差額は含み損，含み益ともいわれますが，財務会計上，含み損は「評価差損」，含み益は「評価差益」といいます。

　なお，時価の算定に関する会計基準において，時価とは，「算定日において市場参加者間で秩序ある取引が行われると想定した場合の，当該取引における資産の売却によって受け取る価格又は負債の移転のために支払う価格」と定義付けされています。わかりにくい表現かもしれませんが，例えば，上場株式や国債の時価は市場価格であり，財務会計のためだけの時価を想定しているわけではありません。時価情報は情報ベンダー等から入手できます。

(1)　売買目的有価証券

　「売買目的有価証券」とは，時価の変動により利益を得る目的で保有し，通常，短期間に反復継続して売買される有価証券です。売買目的有価証券になりうる有価証券には，株式や国債等が考えられます。保有する有価証券を売買目的有価証券に区分するには，会社が有価証券の売買を業としていることや，独立した専門部署が短期的に大量の売買を行うことが想定されている必要があります。売却益の獲得を目的に一時的に保有した有価証券は，売買目的有価証券には該当しません。

　売買目的有価証券は，期末の貸借対照表に時価で計上するとともに，損益計算書で評価差額を損益計上します。売買目的有価証券の時価が下落または上昇した時に係る経常利益への影響は，以下のとおりです。

> 売買目的有価証券の時価が下落
> ➡ 有価証券評価損（営業外費用）[5]を計上
> ➡ 経常利益，当期純利益が減少（営業利益には影響なし）
> -
> 売買目的有価証券の時価が上昇
> ➡ 有価証券評価益（営業外収益）を計上
> ➡ 経常利益，当期純利益が増加（営業利益には影響なし）

[図表 5 － 1]　時価の上昇・下落

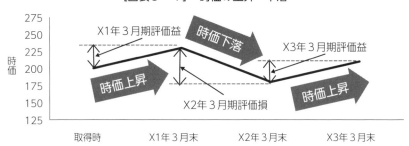

(2)　満期保有目的の債券

　満期保有目的の債券は，文字どおり，会社が債券の満期まで保有することにしている社債や国債等です。株式は満期（償還日）がないため，満期保有目的に区分できません。

　有価証券は決算時に時価評価することが原則ですが，満期保有目的の債券は例外的に時価評価が求められず，貸借対照表に帳簿価額で計上します。その代わり，保有している債券を満期保有目的の債券に区分するには，以下の要件を充足するとともに，満期時まで保有する目的であることを債券の取得時および取得時以降に確認できる必要があります。

5　有価証券の売買を主たる事業としている場合を除く。

- 償還日（満期）が定められている。
- 額面による償還が予定されている。
- 償還期限まで所有するという積極的な意思と能力がある。

　満期保有目的の債券の一部を売買目的有価証券またはその他有価証券に振り替えたり，償還期限前に売却した場合，残りのすべての満期保有目的の債券を，保有目的の変更があったものとして売買目的有価証券またはその他有価証券に振り替えなければなりません。さらに，保有目的の変更を行った事業年度を含む2事業年度は，取得した債券を満期保有目的の債券に分類できなくなります。

(3)　子会社株式および関連会社株式

　子会社株式または関連会社株式を保有する目的は，子会社または関連会社になっている会社の経営に影響力を与える戦略的な動機と考えられます。そのため，通常，子会社株式または関連会社株式をすぐに売却するとは想定されないので時価評価は求められず，期末の貸借対照表に帳簿価額で計上します。子会社株式および関連会社株式も，満期保有目的の債券と同様，期末に時価評価しないため，評価差額の処理は発生しません。

　なお，親会社が保有している子会社株式は，その親会社の個別財務諸表にのみ表示され，連結財務諸表には表示されません。これは，個別財務諸表から連結財務諸表を作成する過程で，子会社株式と子会社への投資が相殺されるためです[6]。

(4)　その他有価証券

　ここまで説明してきた3つの保有目的の区分のいずれにも該当しない有価証券は，「その他有価証券」に区分します。「売買目的有価証券」「満期保有目的の債券」や「子会社株式及び関連会社株式」に区分するには，厳格な要件を満たす必要があるため，この「その他有価証券」が，実務では最も多く目にする

6　詳細は第2章参照。

有価証券と考えられます。例えば，以下のような有価証券が「その他有価証券」として区分されます。

- 時価の変動で利益を上げる目的で保有しているものの，「売買目的有価証券」には該当しない株式
- 満期まで保有する意思が明確とはいえない国債や社債
- 政策保有株式（例えば，上場会社同士が互いの株式を持ち合っている株式や金融機関が関係維持のために保有している上場取引先の株式）

その他有価証券は，期末の貸借対照表に時価で計上します。ただし，評価差額は当期純利益に含めずに，第1章で説明したその他の包括利益の「その他有価証券評価差額金」として認識したうえで，純資産の部のその他の包括利益累計額に含まれる「その他有価証券評価差額金」に計上します。このため，その他有価証券の時価の上昇は当期純利益に影響しないものの，自己資本に以下の影響が出ます。

その他有価証券の時価が上昇
➡ その他有価証券の貸借対照表計上額が増加（図表5－2①）
➡ （その他の包括利益累計額に含まれる）その他有価証券評価差額金が増加（同②）
➡ 自己資本が増加（同③）（営業利益，経常利益，当期純利益への影響なし）

[図表5−2] その他有価証券の時価の上昇による自己資本への影響

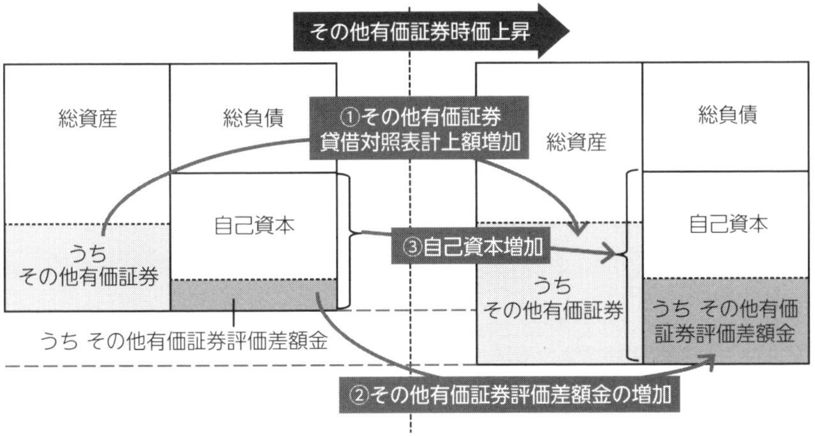

その他有価証券の時価が下落した場合には，自己資本に以下の影響が出ます。

その他有価証券の時価が下落
➡ その他有価証券の貸借対照表計上額が減少
➡ （その他の包括利益累計額に含まれる）その他有価証券評価差額金が減少
➡ 自己資本が減少（営業利益，経常利益，当期純利益への影響なし）

5．有価証券の減損

　売買目的有価証券以外の有価証券の期末の会計処理として，上述した以外に，減損処理があります。期末の時価が帳簿価額に比べて著しく下落し，回復する見込みがなければ，評価差損を損益計算書に計上し，貸借対照表には下落後の時価で計上します。この会計処理を「減損処理」といいます。この時，取得価額も下落後の時価に修正します。有価証券の時価が減損処理後に上昇（回復）しても，減損処理後の帳簿価額を元に戻すことはありません。

(1) 時価のある有価証券の減損

時価のある有価証券の時価が著しく下落しているかどうかは，時価の下落率によって判断します。

[図表5－3] 時価のある有価証券の減損

時価の下落率	減損処理の要否
30%未満	減損処理は不要。
30%以上 50%未満	各会社が自社で定めた基準・ルールで，著しい下落と判定する場合，回復する見込みがある場合を除き，減損処理が必要。
50%以上	回復する見込みがある場合を除き，減損処理が必要。

(2) 市場価格のない株式等の減損

市場価格のない株式は，株式を発行している会社の財政状態の悪化により株式の実質価額が著しく低下した時，減損処理が必要となります。この場合の実質価額は，基本的に1株当たりの純資産額に持株数を掛けることで計算します。

[図表5－4] 市場価格のない株式等の減損

実質価額の下落率	減損処理の要否
50%未満	減損処理は不要。
50%以上	減損処理が必要。ただし，回復可能性が十分な証拠によって裏付けられる場合は減損処理しないことも認められる。

減損処理が行われた場合，有価証券の取得価額は下落後の時価に修正され，小さくなっています。そのため，この有価証券を売却する場合，その後のその他有価証券評価差額金と売却時の売却益は，減損しなかった場合と比較して増加します。

有価証券の時価が著しく下落（図表５−５の①）

➡ 有価証券を減損処理（同②）

➡ 有価証券の取得価額が減少

➡ 減損がなかった場合に比較して売却益（営業外収益）が増加（同③）

➡ 減損処理以降の経常利益，当期純利益が増加（営業利益には影響なし）

[図表５−５]　減損後の有価証券の売却益

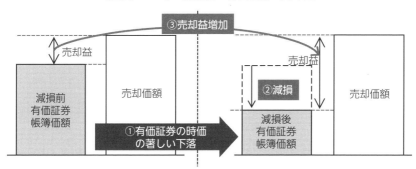

　ただし，減損損失額と売却益の合計は，売却価額と有価証券の当初の取得価額との差額です。そのため，減損処理の有無は最終的に自己資本に影響しません。

📖POINT

国際会計基準（IFRS）における保有株式の「減損」

　国際会計基準（以下「IFRS」）では，保有株式は原則として，期末の評価差額を評価損益として損益計算書に計上し，貸借対照表は時価で計上します。時価が上昇すれば，評価益を計上します。時価が下落すれば，下落幅が著しいかどうかにかかわらず，評価損を計上します。そのため，IFRSでは，保有株式について著しい下落に伴う「減損処理」という考え方はありません。

6. デリバティブ取引

(1) デリバティブ取引とは

金融商品に関する会計基準では，デリバティブ取引の特徴として，

- 金利，有価証券価格，外国為替相場等の変化によって価値が変動し，決済金額（取引を終了するために受渡しされる代金）を算定するための想定元本（または／および決済金額）が決まっている。
- 取引を行う時点で資金が不要か，ほとんど必要としない。

等を挙げています。

具体的には，先物取引，先渡取引，オプション取引，スワップ取引等がデリバティブ取引に該当します。このうち，スワップ取引は，契約時にあらかじめ定めた条件で，金利，通貨等の対象を一定期間にわたり交換する取引です。例えば，金利スワップは，同じ通貨で異なるタイプの金利（例：変動金利と固定金利）を交換します。

先物取引は，将来のあらかじめ定められた期日に，特定の商品を，取引時に決めた価格で売買することを約束する取引です。例えば，「3か月後に1,000ドルを1ドル当たり110円で購入する」という契約が考えられます。3か月後の為替相場がいくらであっても，1,000ドルを1ドル＝110円で購入できるため，将来のドル相場の変動による影響を回避できます。

同様に，将来のある時点から始まる取引の金利を，現時点で約束する取引が金利先物取引です。

(2) デリバティブ取引の期末の会計処理

デリバティブ取引は原則として期末に時価評価を行い，評価差額（含み損益）を当期の損益に計上します。その際，貸借対照表には時価で，評価差益なら「デリバティブ債権」を，評価差損なら「デリバティブ債務」を計上し，損益計算書では，前期末から当期末の時価の増減額を損益として認識します。

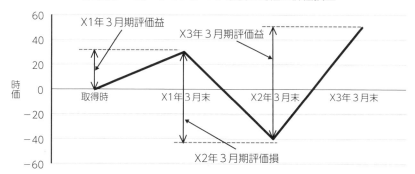

[図表5−6] デリバティブ取引の時価と評価損益

(3) デリバティブ取引の目的

　デリバティブ取引を利用する目的として，投機／トレーディングやリスクの回避（以下「ヘッジ」）等が考えられます。投機／トレーディングは，金利，為替，株式等の相場の変動を予測し，利益の獲得を狙う取引です。予測が当たれば，デリバティブ取引の価値が増加し利益を得られますが，予測が外れれば，デリバティブ取引の価値が減少し損失が発生します。

　リスクのヘッジとは，保有する株式，債券，外国為替等の自分ではコントロールできない市況・相場の変動等から受ける経済的なリスクを低減させることです。会計上，「相場変動リスク」と「キャッシュ・フロー変動リスク」の2つのリスクが前提になっています。「相場変動リスク」は相場変動により，将来，資産の時価が下落したり負債の時価が上昇したりするリスクです。「キャッシュ・フロー変動リスク」は，将来，受け取るキャッシュ・フローが減少したり支払うキャッシュ・フローが増加したりするリスクです。

　相場変動リスクの例として，固定金利を考えてみましょう。

　例えば，2％の固定金利の債券を購入した場合，あらかじめ決まった金額の利息を受け取るので，キャッシュ・フローが変動するリスクはありません。ただし，将来，金利が上昇しても2％の利息しか受け取れないので，この債券の価格は低下します。固定金利の債券には，将来，価格が下落するリスク，すな

わち相場変動リスクがあると考えます。

　一方のキャッシュ・フロー変動リスクについては，例えば，変動金利の債券を購入した場合を考えてみましょう。今後，受け取る利息の金額，つまりキャッシュ・フローは，その時々により変化します。仮に，将来，金利が下落すると受け取る利息は減少します。つまり，変動金利の債券には，将来，受け取るキャッシュ・フローが減少するリスクであるキャッシュ・フロー変動リスクがあると考えるわけです。

　このようなリスクをヘッジするためにデリバティブ取引を利用する具体例として，金利スワップを使った「変動金利の借入」の「固定金利の借入」への実質的な変更があります。例えば，**図表５－７**のとおり，Ａ銀行から変動金利の借入を行ったものの，その後，将来の金利の上昇を見込み，Ｂ銀行と「変動金利を受け取り，固定金利を支払う」金利スワップ契約を締結したとします。金利スワップ取引から受け取る変動金利と借入金利として支払う変動金利が相殺されます。そのため，金利スワップ取引での固定金利の支払のみが残り，結果として，支払利息は固定金利に変わっています。

[図表５－７]　金利スワップを使ったヘッジの例

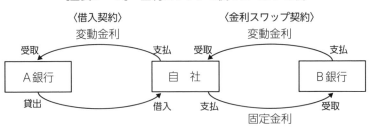

7．ヘッジ会計

(1)　ヘッジ取引とヘッジ対象・ヘッジ手段

　6 (3) で説明したとおり，デリバティブ取引を利用する目的の１つがリスクのヘッジでした。ヘッジ取引の目的は，会計上は，ヘッジ対象の資産または負

債の価格変動，金利変動および為替変動等の相場変動等による損失の可能性を減殺することです。ヘッジ取引は，ヘッジ対象とヘッジ手段から成っています。

ヘッジ対象	相場変動リスクまたはキャッシュ・フロー変動リスクがあり，それらのリスクを減殺しようとしている資産・負債。
ヘッジ手段	ヘッジ対象の資産・負債が有する相場変動リスクあるいはキャッシュ・フロー変動リスクをヘッジするための取引。ヘッジ取引は，デリバティブ取引を使うことが多い。

　ヘッジ取引の会計上の目的である「相場変動等による損失の可能性を減殺」する方法には，「相殺」と「キャッシュ・フローの固定化」の2つがあります。6 (3) で説明した2つのリスクのうち，相場変動リスクには「相殺」が，キャッシュ・フロー変動リスクには「キャッシュ・フローの固定化」が対応しています。

相　殺	ヘッジ対象の資産または負債に係る相場変動を，ヘッジ手段の相場変動により相殺する。
キャッシュ・フローの固定化	ヘッジ対象の資産または負債に係るキャッシュ・フローを，ヘッジ手段を使って固定化する。

　ヘッジ対象の資産または負債に係る相場変動を相殺するためのヘッジ取引を「公正価値ヘッジ」，ヘッジ対象の資産または負債に係るキャッシュ・フローを固定化するヘッジ取引を「キャッシュ・フロー・ヘッジ」といいます。会計上のヘッジ取引は，この2種類です。

(2)　ヘッジ会計の必要性

　ヘッジ取引におけるヘッジ手段に利用するデリバティブ取引は，「毎期末に時価評価し，評価差額を損益計算書上で損益として認識」するのが基本です。一方のヘッジ対象は，必ずしもそうではありません。例えば，銀行からの借入は「毎期末に時価評価し，評価差額を損益計算書上で損益として認識」はしま

せん。したがって，このままではヘッジ対象とヘッジ手段の損益計上のタイミングが合わず，せっかくのヘッジ取引の効果が損益計算書上で適切に反映されません。そのため，ヘッジ対象とヘッジ手段から生じる損益認識のタイミングを合わせ，ヘッジ取引の効果を財務諸表に適切に反映させるための会計処理が用意されています。これがヘッジ会計です。

(3) 損益認識のタイミングを合わせる方法
① 繰延ヘッジと時価ヘッジ

　ヘッジ対象とヘッジ手段の損益認識のタイミングを合わせる方法には，「繰延ヘッジ」と「時価ヘッジ」の2種類があります。

　「繰延ヘッジ」では，ヘッジ手段のデリバティブ取引に係る評価差額の損益認識のタイミングを，毎期末ではなく，ヘッジ対象から生じる損益に合うように繰り延べる，言い換えると遅らせます。繰り延べるには，ヘッジ手段のデリバティブ取引に係る評価差額の金額をその他の包括利益の「繰延ヘッジ損益」として認識したうえで，純資産の部のその他の包括利益累計額に含まれる「繰延ヘッジ損益」に計上し，ヘッジ対象の損益認識のタイミングに合わせて「繰延ヘッジ損益」の調整（組替調整）を行います。

　「時価ヘッジ」は，ヘッジ対象の評価差額の損益認識のタイミングをヘッジ手段から生じる損益に合わせる方法です。

　図表5−8のとおり，評価差額の損益認識のタイミングを変える対象が，繰延ヘッジと時価ヘッジで異なっています。

[図表5−8]　ヘッジ会計での評価差額の損益認識のタイミングの変更の対象

	本来の評価差額の損益認識のタイミングの変更	
	有	無
繰延ヘッジ	ヘッジ手段	ヘッジ対象
時価ヘッジ	ヘッジ対象	ヘッジ手段

なお，原則としては繰延ヘッジを用いることになっており，時価ヘッジのヘッジ対象は，「その他有価証券」に限定されています。

②　繰延ヘッジの具体例

　3月決算のA社は，日本円の為替相場が今後，現在の1ドル＝114円よりも大幅な円高になると予想しています。そんな中，来期（20X2年度）の4月30日に100千ドルの商品の販売と，販売から2か月後の代金受取り（決済）を予定しています。為替相場の予想を踏まえ，この取引をヘッジ対象として，20X2年2月28日に代金決済のタイミングに合わせて，1ドル＝109円でのドル売り円買いの為替予約（ヘッジ手段）をしました。この取引に関連する為替相場は，以下のとおりです。

為替相場 （円@1ドル）	為替予約 締結日	20X1年度末	商品販売日 （売上計上日）	代金決済日
	2月28日	3月31日	4月30日	6月30日
直物相場	－	－	109.00	100.00
先物相場	109.00	106.00	－	－

　このケースで，為替予約にヘッジ会計を適用しない場合と適用した場合では，20X1年度と20X2年度の損益はそれぞれ**図表5－9**のとおりとなります。ヘッジ手段（為替予約）の損益は，ヘッジ会計を適用しない場合は，20X1年度が300千円（図表5－9の①），20X2年度が600千円（同②）ですが，ヘッジ会計を適用することで，20X1年度が0（ゼロ），20X2年度が900千円になり，ヘッジ対象の予定取引の為替差損益の発生時期と整合しています。その結果，ヘッジ会計適用した場合のヘッジ対象とヘッジ手段から生じる損益の合計は，20X1年度，20X2年度ともに0（ゼロ）になっています。

[図表５－９] ヘッジ会計の適用の有無による損益の違い（繰延ヘッジ）

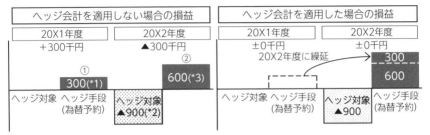

(*1)（予約日先物相場109円−20X1年度末先物相場106円）×100千ドル
(*2)（決済日直物相場100円−売上計上日直物為替相場109円）×100千ドル
(*3)（予約為替相場109円−決済日直物相場100円）×100千ドル−300千円（*1)

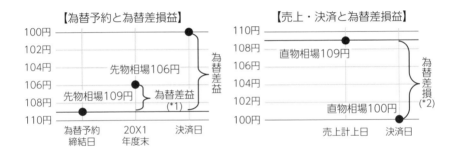

③　時価ヘッジの具体例

　A社が，取得価額1,000千円のその他有価証券（X社株式1,000株）を保有しており，現在（20X1年度末）の時価も1,000千円（１株1,000円）だとします。この時，このX社株式をヘッジ対象，X社株式の株価と反対の動きをするデリバティブ取引（想定元本1,000千円）をヘッジ手段として開始しました。その後，20X3年度末にこのX社株式を売却するとともに，デリバティブ取引を終了しました。売却時までの株価は20X2年度末が１株1,200円，20X3年度末が１株1,500円でした。

	20X1年度末	20X2年度末	20X3年度末
X社株価／1株当たり （円）	1,000	1,200	1,500
時価総額 （千円）	1,000	1,200	1,500
評価差額 （千円）	±0	+200	+500
株式デリバティブ時価 （千円）	±0	▲200	▲500

　この取引に伴うヘッジ対象，ヘッジ手段の損益は**図表5−10**のとおりで，ヘッジ対象のX社株式から生じる損益は，ヘッジ会計を適用しない場合は，20X2年度が0（ゼロ），20X3年度が500千円ですが，ヘッジ会計を適用した場合，20X2年度が200千円，20X3年度が300千円になり，ヘッジ手段のデリバティブ取引による差損益の発生時期と整合しています。その結果，ヘッジ会計を適用した場合のヘッジ対象とヘッジ手段から生じる損益の合計は，20X2年度，20X3年度ともに0（ゼロ）になっています。

[図表5−10]　ヘッジ会計の適用の有無による損益の違い（時価ヘッジ）

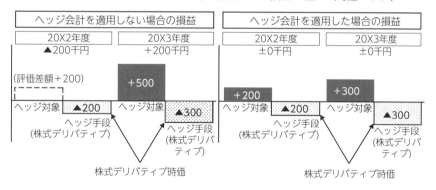

　なお，繰延ヘッジ，時価ヘッジとも，「ヘッジ会計でのヘッジ対象とヘッジ手段の損益認識のタイミングを合わせるための方法」です。ヘッジ取引の種類である公正価値ヘッジ，キャッシュ・フローヘッジと明確に分けて理解してください。

(4) ヘッジ会計の適用要件

　ここまで，ヘッジ対象とヘッジ手段の損益認識のタイミングを合わせる方法を説明してきました。ただし，例えば，ヘッジ対象のリスクを完全に相殺できるヘッジ取引が常に行えるわけではありません。また，ヘッジ対象のリスクを回避するためのデリバティブ取引が活発に行われていない場合等，ヘッジ効果が十分でないヘッジ取引をせざるを得ないこともありえます。そのため，どんな場合でもヘッジ会計の適用を認めてしまうと，企業の利益操作につながる懸念があります。

　ヘッジ会計を適用する場合は，ヘッジ取引開始前に充足すべき事前要件・事前テストとヘッジ会計適用後に行う事後テスト[7]のヘッジ会計適用要件が定められています。

【情報開示】金融商品に係る開示項目

　有価証券報告書等に含まれる連結財務諸表の注記の中で，金融商品関係で開示が求められる大項目は以下のとおりです。
- (1)　金融商品の状況に関する事項
  - ①　金融商品に対する取組方針
  - ②　金融商品の内容およびそのリスク
  - ③　金融商品に係るリスク管理体制
  - ④　金融商品の時価等に関する事項についての補足説明
- (2)　金融商品の時価等に関する事項
- (3)　金融商品の時価のレベルごとの内訳等に関する事項

　このうちの (3) にある「レベル」とは，資産または負債の時価を算定する際に用いる仮定（以下「インプット」）に優先的に使用する順序のことです。

7　相場変動またはキャッシュ・フローの変動の相殺の有効性の評価として，ヘッジ対象とヘッジ手段のヘッジ関係が高い有効性を継続していることを確認する。

「レベル」は3段階（レベル1〜3）に分けられ，それぞれの定義は**図表5−11**のとおりです。レベル1のインプットが最も優先順位が高く，レベル3のインプットが最も優先順位が低くなります。

[図表5−11]　金融商品の時価算定に用いるインプットのレベル

レベル1の インプット	時価の算定日において，企業が入手できる活発な市場における同一の資産または負債に関する相場価格であり調整されていないもの。
レベル2の インプット	資産または負債について直接または間接的に観察可能なインプットのうち，レベル1のインプット以外のインプット。
レベル3の インプット	関連性のある観察可能なインプットが入手できない場合に用いるインプットで，資産または負債について観察できないインプット。

【財務会計を具体的に理解する】

(1)　有価証券の期末の会計処理の具体例

①　満期保有目的の債券

　満期保有目的の債券を額面金額と異なる価額で取得し，取得価額と額面金額の差額が金利の調整に当たる場合，この差額を債券の取得日から満期日までの間，加減することで帳簿価額を調整します[8]。「利息法」といわれる方法で，帳簿価額に実効利子率を掛けた金額を，各期の利息として計上します。

　下記のような前提の場合を例として考えてみましょう。

有価証券の種類	社　　　債		
帳簿価額	930千円	取得日	20X1年4月1日
額面金額	1,000千円	満期日	20X4年3月31日
クーポン利子率[9]	7％（年1回支払）	実効利子率[10]	9.805％

8　償却原価法という。ここで説明する利息法が原則ながら，満期日まで毎期一定の金額を帳簿価額に加減する定額法も容認されている。

債券を保有していると，利払日にあらかじめ決まった利息（社債クーポン）を受け取ります。この利息は，社債の額面金額にクーポン利子率を掛けて計算し，有価証券利息として営業外収益を計上します。この例では，20X2年3月31日に，クーポン利息が1,000千円×7％＝70,000円支払われます。そのため，以下の仕訳を行います。

現　　　　　金　　70,000円	有 価 証 券 利 息　　70,000円

　利息法では，利払日ごとに，「帳簿価額に実効利子率を掛けた金額」とクーポン利息との差額を計算します。「帳簿価額に実効利子率を掛けた金額」は930千円×9.80515％＝91,188円です。クーポン利息70,000円との差額21,188円について，以下の仕訳で有価証券利息と社債の帳簿価額の調整を行います。

社　　　　　債　　21,188円	有 価 証 券 利 息　　21,188円

　20X2年3月31日以降の満期保有目的の債券に区分される社債の帳簿価額は，以下のようになります。

（単位：円）

日付	調整前 帳簿価額 （A）	クーポン 利息（B）	実効利子率 による利息 （C）[11]	差額 （D＝C－B）	帳簿価額 A＋D
20X1/04/01	－	－	－	－	930,000
20X2/03/31	930,000	70,000	91,188	21,188	951,188
20X3/03/31	951,188	70,000	93,265	23,265	974,453
20X4/03/31	974,453	70,000	95,547	25,547	1,000,000

9　利払日ごとに実際に支払われる利子の大きさ。
10　実質的な利子率。購入時の市場での利子率と考えるとわかりやすい。
11　A ×実効利子率 9.80515％。

② その他有価証券

その他有価証券は，期末の貸借対照表に時価で計上します。ただし，売買目的有価証券とは違い，評価差額はその他有価証券評価差額金に計上します[12]。以下の前提で考えてみましょう。

有価証券の種類	株式（時価のある株式）
帳簿価額	700千円
期末日時価	ケース①（値上がりした場合）：1,000千円（評価差額＋300） ケース②（値下がりした場合）： 500千円（評価差額▲200）

この前提でその他有価証券が値上がりした場合と値下がりした場合の仕訳は，以下のようになります。

【値上がりした場合】　　　　　　　　　　　　　　　　　　（単位：千円）

その他有価証券 （株式）	300	その他有価証券 評 価 差 額 金	300

帳簿価額700千円＋本仕訳による追加300千円＝1,000千円で，貸借対照表計上額は時価に一致します。

【値下がりした場合】　　　　　　　　　　　　　　　　　　（単位：千円）

その他有価証券 評 価 差 額 金	200	その他有価証券 （株式）	200

帳簿価額700千円＋本仕訳による追加▲200千円＝500千円で，貸借対照表計上額は時価に一致します。

12　評価差損の場合のみ，評価損を計上する会計処理方法もある。

退職給付費用の増減はどこから来るのか？

. . . .

　退職時に一括して受け取る退職金と，退職後に一定期間，一定額ずつ受け取る退職年金を合わせて「退職給付」といいます。退職給付は，給料と同様に会社に提供した労働の対価と考え，実際の支払時ではなく，毎期，費用として認識します。費用として認識する金額は，「会社が将来支払うことになる退職給付の金額」で決まります。この「会社が将来支払うことになる退職給付の金額」，すなわち「退職給付債務」は，従業員が定年前に退職または死亡する割合等さまざまな要因を加味して見積ります。

　また，会社は，実際の将来の退職給付の支払に備え，外部の年金基金等に資金等を拠出して運用しています。これを「年金資産」といいます。「退職給付債務」が「年金資産」を上回っていれば，その差額が年金資産では賄えない退職給付債務の金額ということになります。財務会計では，単純化すると，退職給付債務や年金資産ではなく，その差額である退職給付引当金のみを貸借対照表に計上し，その増減を退職給付費用（販売費及び一般管理費）として認識します。

[図表6−1]　退職給付会計の構造

以下では，個別財務諸表を前提に，退職給付債務，年金資産，退職給付引当金，退職給付費用それぞれについて順に説明するとともに，相互の関係を見ていきます。

・・・

1．退職給付引当金等の計算の基礎

(1)　退職給付債務

　退職給付債務は，従業員が期末までに会社に提供した労働の対価として，将来受け取ることになる退職給付の見込金額です。ただし，退職給付を受け取るのはあくまでも将来です。そのため，当期末の退職給付債務は，その将来の退職時から現在（＝期末）までの期間に基づき割り引いて計算します。金利の上昇に伴い割引率が上昇すれば，一般的に退職給付債務は減少します。

　退職給付債務の計算は，計算の基礎になる数値（以下「計算基礎率」）によって変わります。計算基礎率には，先に挙げた割引率のほか，従業員の予想昇給率，退職率，死亡率等が含まれます。予想昇給率は，在籍する従業員の給料が年齢や勤続年数の増加に伴い今後どのように上昇するかを推定したもので

す。予想昇給率が上昇すれば退職給付の見込金額が増加し，退職給付債務も増加します。退職率や死亡率が上昇すると退職給付の見込金額が減少し，退職給付債務も減少します。

[図表6-2]　計算基礎率と退職給付債務の関係

計算基礎率	変　化	退職給付債務への影響
割引率	上　昇	減　少
	低　下	増　加
予想昇給率	上　昇	増　加
	低　下	減　少
退職率・死亡率	上　昇	減　少
	低　下	増　加

　退職給付債務の1年間の増減額は，単純化すると，以下に説明する勤務費用と利息費用を合計した金額です。つまり，当期末の退職給付債務金額は，当期首の退職給付債務金額に勤務費用と利息費用を加えた金額になります。

[図表6-3]　退職給付債務の増減要因

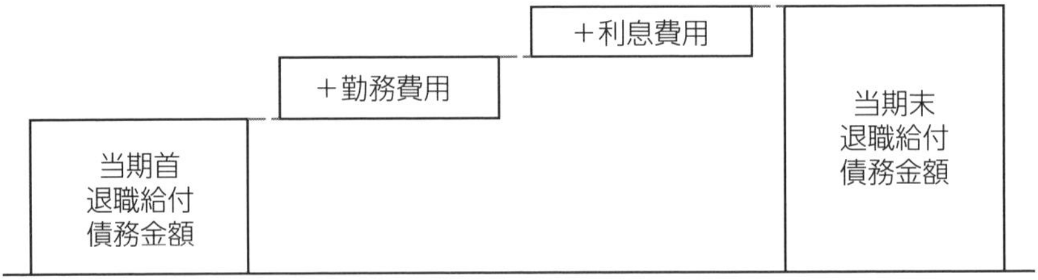

　なお，貸借対照表に計上するのは，退職給付債務や以下の (2) で説明する年金資産ではなく，その差額の退職給付引当金等です。

① 勤務費用

　従業員が当期首から当期末まで働いた対価として増加した退職給付が，勤務費用です。増加した退職給付といっても，実際に会社が支払い従業員が受け取るのは将来であるため，当期に認識する勤務費用は，当期末での現在価値に割り引いたものを使います。なお，勤務費用と次項の利息費用の詳しい説明・計算例は，【財務会計を具体的に理解する】を参照してください。

② 利息費用

　勤務費用は期末での現在価値に割り引いて計算されていますが，過年度に費用として認識した勤務費用に見合う退職給付債務は，次の期の期末には時間の経過で増加します。この時間の経過で増加した部分の退職給付債務が，利息費用です。利息費用は，「当期首の退職給付債務×割引率」で計算されます。

(2) 年金資産

　企業年金制度を採用している会社が，将来の退職給付の支払に備え，外部の年金基金等に資金等を拠出して積み立てている資産を「年金資産」といいます。外部の年金基金等は，積み立てられた年金資産の運用を行っています。年金資産の運用から合理的に期待される計算上の収益を「期待運用収益」といい，年間の期待運用収益は，期首の年金資産に長期的な運用から得られるであろう収益率である長期期待運用収益率を乗じて算定されます。

> 期待運用収益＝当期首の年金資産×長期期待運用収益率

　年金資産の額は，期末における時価で計算します。仮に，期中の年金資産の実際の運用収益が期待運用収益に等しく，期中の退職給付の支払や新たな年金資産の積立（拠出）がなければ，当期末の年金資産の金額は，当期首の年金資産と期待運用収益の合計となります。

> 期末の年金資産＝当期首の年金資産＋期待運用収益

[図表6-4] 年金資産と期待運用収益

　なお，期中の退職給付の支払や年金資産の拠出がなく，期中の年金資産の実際の運用収益が期待運用収益に等しい場合の期首と期末の年金資産の関係は以下になります。

> 当期末の年金資産＝当期首の年金資産＋期待運用収益
> 　　　　　　　　　－退職給付の支払＋年金資産の拠出

(3) 退職給付引当金

　退職給付債務から年金資産を控除した金額（差額）は，年金資産への資金等の積立不足にほかなりません。この分を，個別貸借対照表では退職給付引当金として負債に計上します[1]。

[図表6-5] 退職給付引当金

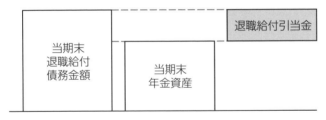

　逆に，年金資産が退職給付債務を上回る場合は，個別財務諸表上，前払年金費用等を資産に計上します。前払年金費用等が生じる要因として，年金資産の

1　「退職給付債務－年金資産＝退職給付引当金」になるには，一定の前提が必要。詳細は後述する。

実際の運用収益が期待運用収益を超過したこと等が考えられます。この点は，後述の2で扱います。

（4）　退職給付費用

　退職給付費用は，当期の会計期間において退職給付引当金が増加した部分として損益計算書に計上するものです。単純化すると，「勤務費用＋利息費用－期待運用収益」で計算し，人件費に含めて計上します。会社の年金資産への拠出等がなければ，

　当期首（前期末）退職給付引当金＋退職給付費用＝当期末退職給付引当金
になります。例えば，**図表6－6**のとおり，当期首（前期末）の退職給付債務800（①），年金資産500（②），当期の勤務費用200（③），利息費用100（④），（期待）運用収益150（⑤）の場合を考えてみましょう。この場合，当期の退職給付費用は勤務費用200＋利息費用100－期待運用収益150＝150で，退職給付引当金は300から150増加し，450（⑥）になります。

[図表6－6]　退職給付費用の構造

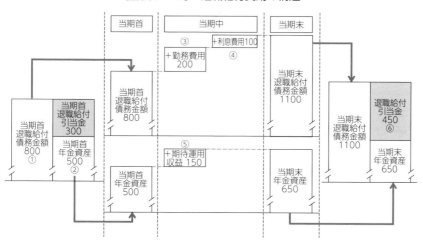

　図表6－6のフローをストックとしてまとめると，**図表6－7**になります。

ここからも，退職給付引当金の増加額＝勤務費用＋利息費用－期待運用収益＝
退職給付費用であることがわかります。

[図表6－7]　図表6－6のストック化

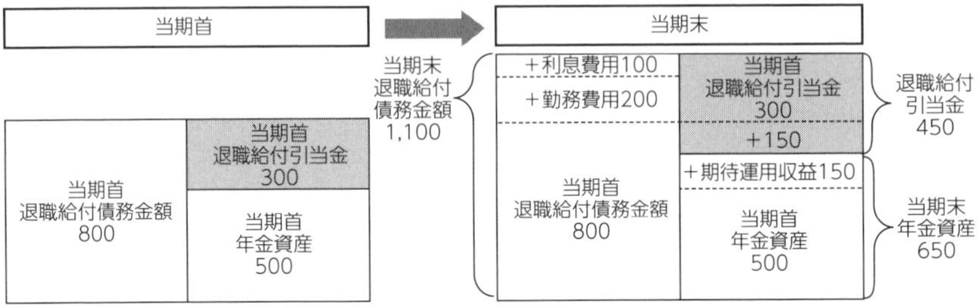

(5)　退職給付引当金の勤務費用以外の増減要因

(4) のとおり，当期首退職給付引当金＋退職給付費用＝当期末退職給付引
当金の関係が基本です。ただし，会社の新たな年金資産への積立（拠出）額と，
会社の退職一時金等の支払額は，退職給付引当金の金額に影響します。

①　会社の年金資産への積立（拠出）額

以下のとおり，会社の年金基金への積立（拠出）により退職給付引当金は減
少します。

会社の年金資産への積立（拠出）（図表6－8の①）
➡　年金資産が増加（同②）
➡　退職給付債務と年金資産の差額が減少
➡　退職給付引当金が減少（同③）（ただし，営業利益，経常利益，当期
　　純利益への影響なし）

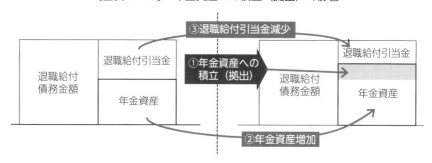

[図表6−8] 年金資産への積立（拠出）の影響

② 退職した従業員への年金の支払

　退職した従業員への年金資産からの年金の支払は，年金資産額を減少させます。ただし，年金の支払は「債務の履行」に当たるので，同時に退職給付債務も減少し，退職給付引当金，退職給付費用には影響しません。

退職給付の年金資産からの支払

➡　年金資産が減少（図表6−9の①）および退職給付債務も減少（同
　　②）（年金資産と退職給付債務が同時に減少）

➡　退職給付引当金，営業利益，経常利益，当期純利益への影響はなし

[図表6−9] 年金の支払の影響

退職給付の年金資産からの支払

| 退職給付債務金額 | 退職給付引当金 |
| | 年金資産 |

②退職給付債務減少

| 退職給付債務金額 | 退職給付引当金 |
| | 年金資産 |

①年金資産減少

🖒POINT

リストラ時の早期割増退職金

　リストラクチャリングの際に用意される早期割増退職金は，従業員が将来の勤務を放棄することへの代償や失業期間中の補償の性格を有するもので，勤務期間を通じた労働の提供に伴って発生した退職給付という性格のものではないと考えられます。そのため，退職給付見込額の見積りには含めず，従業員が早期退職金制度に応募し，金額が合理的に見積られる時点で費用処理します。この場合，特別損失に計上されるケースが多くみられます。

2．見積りと実績の差異等の取扱い

　各社の有価証券報告書をみてみると，年金資産（連結ベース）の残高が数千億円あるいは１兆円を超える会社がいくつもあります。また，年金資産の半分以上が株式という場合もあり，相場環境に恵まれて，実際の運用益が数百億円あるいは1,000億円以上，運用利回りが数十パーセントに達していることもあります。年金資産の規模や運用資産の内訳は会社によりかなり異なるとはいえ，見積数値の長期期待運用収益率が１～２％程度であることが珍しくないと考えると，実績数値と見積数値の差額が大きなインパクトのある水準になることが十分に考えられます。そして，見積数値と実績数値の差額は，以下に説明するとおり，会社の業績に大きな影響を与える可能性があります。

(1)　見積数値と実績数値の差異
①　数理計算上の差異

　これまで説明したとおり，退職給付をめぐる計算にはさまざまな見積要素が含まれています。そして，年金資産の運用成果の実績が見積りと異なったり，退職者数が想定よりも上下したり，給料の上昇幅が想定と違ったりなど，退職給付における見積数値と実績数値には差が出るのが普通です。この差額のことを「数理計算上の差異」といいます。すべての見積数値と実績数値がピタリと

一致しない限り，数理計算上の差異は毎期発生します。

数理計算上の差異は，以下のように分けられます。

A　（当期1年分の）退職給付における予測（見積り）と実績の差異

　① 　年金資産の期待運用収益と実際の運用成果[2]との差異

　② 　退職給付債務の計算に用いた見積りと実績の差異

B　（当期末以降の）退職給付における計算の基礎になる数値（計算基礎率）の見直し

A①の年金資産の期待運用収益と実際の運用成果との差異とは，年金資産の当期末の時価と期首に期待した当期末の年金資産の額との差異です。②の退職給付債務の見積りと実績の差異は，割引率，予想昇給率，退職率・死亡率等の計算基礎率に基づき見積った退職給付債務と実績の差異です。また，計算基礎率が変動し，期待運用収益や退職給付債務の金額に重要な影響が生じる場合，Bの計算基礎率の見直しが必要になります。この計算基礎率の見直し（変更）による影響額が，数理計算上の差異になります。

②　数理計算上の差異の費用処理

数理計算上の差異は，退職給付費用として処理（以下「費用処理」）しますが，その際，退職給付引当金も増減します。また，数理計算上の差異は，退職給付費用を増加させることも減少させることもあります。

例えば，**図表6－10**の左は，年金資産の運用成果が期待運用収益を上回ることで生じた数理計算上の差異を表していますが，その分，年金資産が増加しています。そのため，退職給付債務と年金資産の差額は小さくなり，その結果，退職給付引当金と退職給付費用を減らすことになります。逆に図表6－10の右は，運用成果が期待運用収益を下回ったことで生じた数理計算上の差異を表していますが，その分，年金資産が減少しています。そのため，退職給付債務と年金資産の差額は大きくなり，退職給付引当金と退職給付費用を増加させるこ

2　年金資産の額は期末の時価により計算する。

とになります。

[図表6-10]　年金資産の見積りと実績の差異

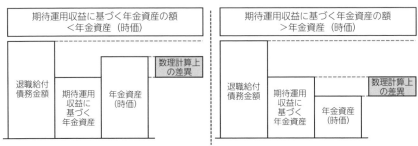

　なお，数理計算上の差異の費用処理は，発生時に一括，分割いずれも可能です。分割して費用処理する場合，在籍する従業員が当期末から退職するまでの平均勤務期間（以下「平均残存勤務期間」）以内の一定の年数で，1年度当たり「数理計算上の差異÷一定の年数」（定額法の場合）の金額を退職給付費用に含めて費用処理します。この場合，個別財務諸表上，退職給付引当金として負債計上するのは，退職給付債務から費用処理する前の数理計算上の差異（以下「未認識数理計算上の差異」）を加減した額から，年金資産の額を控除した額です。そのため，未認識数理計算上の差異は，個別財務諸表には反映されません。

　例えば，期末の退職給付債務が見積りどおり1,000，年金資産は，期待した運用収益を上げていれば時価700だったところ，運用が振るわず，実際の時価は600だった場合を考えてみましょう（**図表6-11参照**）。この場合，数理計算上の差異100が発生しています（未認識数理計算上の差異100）。数理計算上の差異を分割して費用処理する場合で，費用処理前の時点での退職給付引当金額は，退職給付債務1,000から年金資産（時価）600を控除した400（図表6-11のA）ではなく，退職給付債務1,000から未認識数理計算上の差異100を減額した額900から，年金資産の額600を控除した300（同B）です。

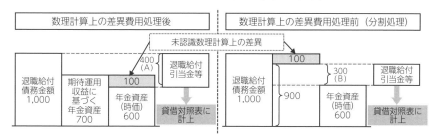

[図表6−11] 未認識数理計算上の差異

　この取扱いでは，例えば年金資産の運用成果が期待運用収益を大幅に下回り，年金資産の積立不足が深刻化していても，図表6−11のとおり，退職給付引当金の計算の際，退職給付債務から未認識数理計算上の差異を減額するため，その部分は退職給付引当金額に反映されません。すなわち，未認識数理計算上の差異分の退職給付債務が「隠れ債務」になります。そのため，後述のとおり，連結貸借対照表上には未認識数理計算上の差異が計上されることになっています。なお，費用処理は発生時に一括，分割いずれも可能である点は，連結決算上も違いはありません。

③　数理計算上の差異の増減に伴う影響

　年金資産の実際の運用成果が期待運用収益を下回り，一定の年数で数理計算上の差異を費用処理する際の当期純利益等への影響は以下のとおりです。未認識数理計算上の差異の費用処理に伴い，退職給付引当金が増加します。

> 年金資産の実際の運用成果＜期待運用収益（年金資産の時価額＜期待運用収益に基づく年金資産の額）（図表6−12の①）
> ➡　（今後の退職給付費用を増やす）数理計算上の差異が発生（同②）
> ➡　翌年度以降の未認識数理計算上の差異の費用処理（同③）により，退職給付費用（販売費及び一般管理費等）と退職給付引当金が増加（同④）
> ➡　営業利益，経常利益，当期純利益が減少

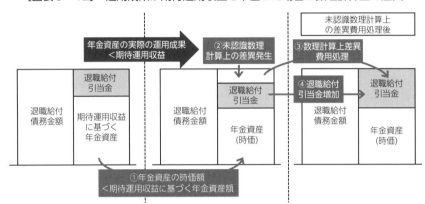

[図表6-12]　運用成果が期待運用収益を下回った場合の数理計算上の差異

　年金資産の実際の運用成果が期待運用収益を上回った場合の，当期純利益等，退職給付引当金への影響は以下のとおりです。

年金資産の実際の運用成果＞期待運用収益（年金資産の時価額＞期待運用収益に基づく年金資産の額）

➡　（今後の退職給付費用を減らす）数理計算上の差異が発生

➡　翌年度以降の未認識数理計算上の費用処理により，退職給付費用（販売費及び一般管理費等）と退職給付引当金が減少

➡　営業利益（および経常利益，当期純利益）が増加

　数理計算上の差異を分割して費用処理する場合の影響を，具体的にみてみましょう。例えば，年金資産の運用から下表のような数理計算上の差異が生じ，各々5年間で費用処理するとした場合，20X0年度末等に発生した年金資産の期待運用収益を上回る運用益により，翌年度から5年間は退職給付費用等が低く抑えられます。逆に，20X2年度末等は運用損が生じたため，翌年度から5年間の退職給付費用等を増加させます。このように，数理計算上の差異は，複数年にわたり退職給付費用等に大きな影響を及ぼす可能性があります。そのた

め，退職給付費用を含む人件費等を考える場合，数理計算上の差異の影響の把握が不可欠です。

発生時	未認識数理計算上の差異発生理由	退職給付費用への影響	発生額	退職給付費用への影響額					
				20X1年度	20X2年度	20X3年度	20X4年度	20X5年度	20X6年度
20X0年度末	年金資産の運用益	費用減少	▲500	▲100	▲100	▲100	▲100	▲100	
20X1年度末	年金資産の運用益	費用減少	▲100		▲20	▲20	▲20	▲20	▲20
20X2年度末	年金資産の運用損	費用増加	+800			+160	+160	+160	+160
20X3年度末	年金資産の運用損	費用増加	+300				+60	+60	+60
20X4年度末	年金資産の運用益	費用減少	▲300					▲60	▲60
20X5年度末	年金資産の運用益	費用減少	▲100						▲20
合計				▲100	▲120	+40	+100	+40	+120

(2) 会社内の退職金規定の改定等

① 過去勤務費用と費用処理

　経営環境の変化などにより給付水準を上下させるような退職金規定の改定等を行うとき，「改定前の退職金規定に基づいて見積っていた退職給付債務」と，「改定後の退職金規定に基づいて見積った退職給付債務」の差額を過去勤務費用といい，費用処理することが必要です。ただし，過去勤務費用も，一括処理に代え，平均残存勤務期間以内の一定の年数で毎期，退職給付費用に含めて分割して費用処理することが認められています。

　数理計算上の差異と同様，個別財務諸表に，「退職給付債務に費用処理する前の過去勤務費用（以下「未認識過去勤務費用」）を加減した額から，年金資産の額を控除した額」の退職給付引当金を負債計上します。例えば，給付水準を引き上げる退職金規定の改定が行われ，退職給付債務が900から1,000に増加し，過去勤務費用100が発生したとします（未認識過去勤務費用100）。

　この場合，過去勤務費用の処理後の退職給付引当金額は，退職給付債務1,000－年金資産600＝400（**図表6-13**のA）になります。一方，過去勤務費用を分割で費用処理する場合の退職給付引当金額は，退職金規定改定後の退職給付債務1,000から未認識過去勤務費用100を減額した900から，年金資産の額600を

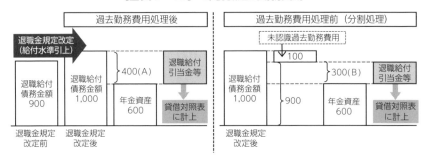

[図表6−13]　未認識過去勤務費用

控除した300（同B）です。

　なお，未認識数理計算上の差異と同様，連結貸借対照表上には未認識過去勤務費用が計上されることになっています。また，費用処理は発生時に一括，分割いずれも可能である点は，連結決算上も違いはありません。

②　過去勤務費用の増減に伴う影響

　退職給付水準を引き上げる変更を行う場合，それに伴って発生する過去勤務費用の当期純利益等への影響（一定の年数で過去勤務費用を費用処理する場合）は，以下のとおりです。なお，過去勤務費用の費用処理に伴い，退職給付引当金が増加します。

退職給付水準を引上げ

➡　退職給付債務が増加（図表6−14の①）

➡　（今後の退職給付費用を増やす）過去勤務費用が発生（同②）

➡　翌年度以降の過去勤務費用の費用処理（同③）により，退職給付費用と退職給付引当金が増加（同④）

➡　営業利益，経常利益，当期純利益が減少

[図表6-14]　退職給付水準の引き上げの影響

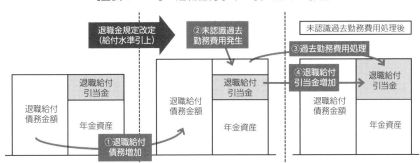

　また，退職給付水準を引き下げる変更を行う場合，それに伴って発生する過去勤務費用の当期純利益への影響は，以下のとおりです。

> 退職給付水準を引下げ
>
> ➡　退職給付債務が減少
>
> ➡　（今後の退職給付費用を減らす）過去勤務費用が発生
>
> ➡　翌年度以降の未認識過去勤務費用のマイナスの費用処理により，退職給付費用と退職給付引当金が減少
>
> ➡　営業利益，経常利益，当期純利益が増加

(3)　数理計算上の差異・過去勤務費用発生後の退職給付引当金

　図表6-15の図は，前期末に見積数値の変更と退職給付水準の改定があり，数理計算上の差異と過去勤務費用が発生し，退職給付債務の金額が変更・改定前から増加したことを表しています。ここで，

- ●前期末の退職給付債務　1,000
- ●前期末の年金資産　500
- ●前期末の未認識数理計算上の差異　150
- ●前期末の未認識過去勤務費用　100
- ●当期の勤務費用100，利息費用　10（図表6-15の①）

● 当期の数理計算上の差異費用処理額 30, 過去勤務費用処理額 20 (同②)

● 当期の (期待) 運用収益 40 (同③)

とすると, 当期に新たな数理計算上の差異, 過去勤務費用が発生しなければ, 当期の退職給付費用は120 (＝勤務費用100＋利息費用10－ (期待) 運用収益40＋数理計算上の差異費用処理額30＋過去勤務費用処理額20) となり, 退職給付引当金は250 (同④) から120増加し370 (同⑤) になります。

[図表6－15] 数理計算上の差異・過去勤務費用の発生後の退職給付引当金

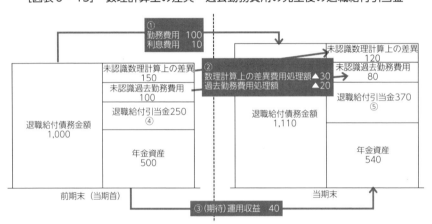

3. 連結決算上の退職給付に係る取扱い

2 で説明したとおり, 費用処理していない数理計算上の差異や過去勤務費用 (以下「未認識数理計算上の差異等」) により年金資産の積立不足が深刻化していても, 個別財務諸表に計上される退職給付引当金額には反映されません。そのような課題に対応して, 連結財務諸表上は退職給付費用を増加させる未認識数理計算上の差異等の発生時に, 「退職給付に係る負債」として負債計上することになっています。その際, 第1章で説明したその他の包括利益の「退職給付に係る調整額」の減少として認識します。

また，個別決算で計上している退職給付引当金は，連結決算では「退職給付に係る負債」に読み替えるため，連結貸借対照表に計上されている「退職給付に係る負債」は，個別決算における退職給付引当金と未認識数理計算上の差異等を含めたものになっています。

　なお，退職給付債務より年金資産が大きい場合は，「退職給付に係る資産」になります。

[図表6－16]　退職給付引当金と退職給付に係る負債

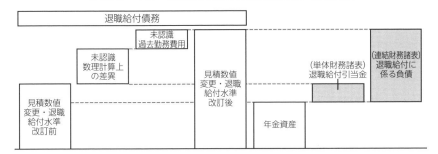

【情報開示】退職給付会計に係る主な開示項目

　確定給付制度を採用している会社は，主に以下についての情報開示が必要です。

- 退職給付債務：期首残高と期末残高と，増減の内訳である勤務費用，利息費用，数理計算上の差異の発生額，退職給付の支払額
- 年金資産：期首残高と期末残高と，増減の内訳である期待運用収益，数理計算上の差異・過去勤務費用の発生額，会社からの拠出額，退職給付の支払額
- 退職給付に関連する損益：勤務費用，利息費用，期待運用収益，数理計算上の差異の当期の費用処理額，過去勤務費用の当期の費用処理額
- 数理計算上の差異の計算基礎である割引率，長期期待運用収益率，その他

の重要な計算基礎（予想昇給率等）

　以上のように詳細な情報開示が求められるのは，退職給付がそれだけ当期純利益や自己資本に与える影響が大きく，また，その影響が中長期的にわたる可能性があるからです。

　2の冒頭で「年金資産（連結ベース）の残高が数千億円あるいは1兆円を超える会社がいくつもある」「年金資産の半分以上が株式という場合もある」「実際の運用益が数百億円あるいは1,000億円以上，運用利回りが数十パーセントに達していることもある」と記載していますが，これらはすべて，連結財務諸表の注記の中で開示されている情報から知ることができます。例えば，年金資産の運用が上手くいかずに生じた大きなマイナスの数理計算上の差異を分割して費用処理する会社について，開示された情報を分析すれば，何年かけて費用処理するのか，その期間中は年間いくら程度の費用増加があるのか，といったこともわかります。

【財務会計を具体的に理解する】

(1)　退職給付債務の算定

　例えば，従業員が将来の退職時に受け取る退職給付の金額が，勤務期間中，毎年均等に増えるとします。この場合，「退職時に見込まれる退職給付の総額（退職給付見込額）」を退職時までの勤務年数で割れば，1年ごとに発生する退職給付の金額になります。

$$1年ごとに発生する退職給付額 = \frac{退職給付見込額}{全勤務年数}$$

　そうすると，この従業員にかかる期末の退職給付債務は，上記の「1年ごとに発生する退職給付額」に期末までの勤続年数を乗じれば算出できます。つまり，以下の算式で計算できることになります。

$$期末の退職給付債務 = \frac{退職給付見込額}{全勤務年数} \times 期末までの勤務年数$$

　例えば，全勤務年数が10年で，退職予定時の退職給付の金額（退職給付見込額）が100万円とすると，毎年10万円ずつ会社に退職給付の支払義務が発生しています。入社から期末までの勤務年数が7年だとすると，期末での退職給付債務の金額は，10万円×7年＝70万円になります。

　ただし，この計算式の退職給付見込額は，あくまでも将来受け取る退職給付の金額です。そのため，当期末の退職給付債務は，退職時から現在（＝期末）までの期間に基づき割り引いて計算します。例えば，期末から退職まで残り3年で割引率を5％とすると，期末の退職給付債務は604,686円になります。

$$期末の退職給付債務 = \frac{(10万円 \times 7年)}{(1 + 0.05)^{3年}} = 604,686円$$

(2)　当期の勤務費用・利息費用の計算例

　当期末で12年間勤務し，8年後に定年退職する（したがって，退職時の勤務年数は20年）予定の従業員Aさんについて考えてみましょう。なお，Aさんが勤務する会社の退職一時金は毎年25万円増加し，Aさんが退職時に受け取る退職一時金の見込額は500万円（25万円×20年）です。割引率は3％とします。
（勤務費用）
　当期の勤務費用（当期働いた対価として増加した退職給付）は25万円ですが，この25万円は8年後に受け取る金額であるため，当期に認識する勤務費用は割引率で割り戻し，197,352円[3]（≒25万円÷（1 + 0.03）^{8年}）となります。
（利息費用）
　前期末，すなわち11年間勤務し退職まで9年の時点までに認識した勤務費用を単純に考えると，25万円×11年＝275万円ですが，実際に前期末までに

3　計算の過程で生じた端数は，円未満を四捨五入している（以下同様）。

勤務費用として認識した金額は割引後の金額です。すなわち，

$$（25万円×11年）÷（1＋0.03）^{9年}≒2,107,646円$$

です。そのため，時間の経過で増加した部分の退職給付債務である当期の利息費用は，63,229円（≒2,107,646円×3％）になります。

買収時ののれんはどう決まるのか？

　資本関係のないグループ外の会社を買収し子会社[1]にすると，通常，連結財務諸表上でののれんを認識する必要があります。のれんは子会社化した後の連結決算でいずれ費用になるので，のれんの金額は当期純利益に直接影響します。そのため，「いくら」になるかは非常に重要です。

　のれんは，子会社化した日の連結貸借対照表の作成過程で生じる「差額」として計算されるため，発生・金額決定の構造を理解するには，連結財務諸表の作成手順を知る必要があります。第2章で連結財務諸表の基本的な作成手順を取り上げましたが，本章では，グループ外の会社を子会社化した日の連結貸借対照表の作成過程を踏まえながら，のれんが発生する仕組みとのれんの金額に影響する要因を整理していきます。

1．買収時の連結財務諸表とのれん発生の仕組み

　最初に，グループ外の会社の全株式を購入し，その会社を100％子会社にした場合を考えます。子会社化時の連結貸借対照表の作成手順は，単純化すると以下になります。

1　基本的には議決権50％超の取得が必要となる。議決権とは，株主総会の決議に参加し票を入れることができる権利をいう。議決権の40％以上を保有し一定の要件を充足する場合も，子会社になる。

① 子会社になった会社（以下，単に「子会社」）の資産・負債を時価評価する。

② 子会社の時価ベースの貸借対照表を用意する。

③ 親会社の貸借対照表と合算する。

④ 「親会社の子会社に対する投資額（子会社株式金額）」と「子会社の時価ベースの貸借対照表の純資産額（以下「時価純資産額」）[2]」を相殺[3]し，差額としてのれん[4]を計上する。

親会社の子会社に対する投資額（子会社株式金額）と子会社の時価純資産額が同額の場合，連結貸借対照表の作成手順のイメージは**図表7−1**のようにな

[図表7−1] 子会社株式金額と子会社の時価純資産額が同額の場合の連結貸借対照表の作成手順

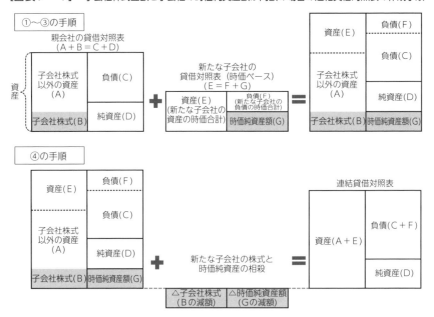

---

2 本書では特段の支障がない場合に，説明の便宜上，「資本」と「純資産」を厳密に区別せず使用することがある。

3 この手続を「投資と資本の相殺消去」といい，単に「資本連結」ということもある。第2章参照。

4 のれんの会計上の定義は，「親会社の子会社に対する投資とこれに対応する子会社の資本との相殺消去にあたり，差額が生じる場合の当該差額」。

ります。

　のれんは，②の「時価ベースの貸借対照表」における「資産の時価合計
（E)」と「負債の時価合計（F）」の差額，すなわち「子会社の時価純資産額
（G)」と，親会社の子会社に対する投資額（子会社株式（B))が異なる場合に
発生します。関連する箇所を取り出したのが**図表7－2**です。図表7－2では，
「子会社の時価純資産額（G)」と「親会社の子会社に対する投資額（子会社株
式金額)」のBの差額として，のれんの金額が算定されます。

[図表7－2]　のれんの算出

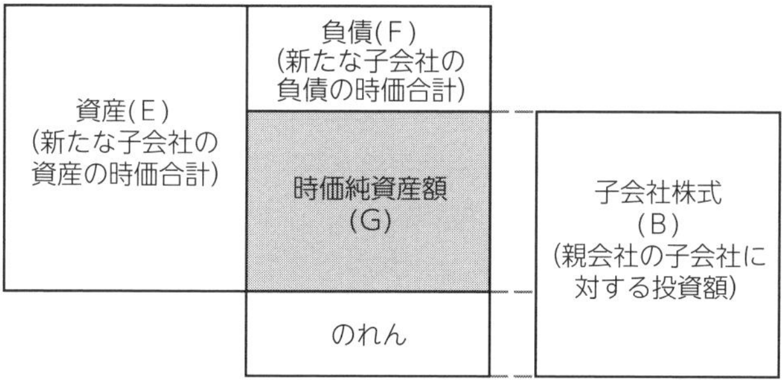

```
のれんの金額
＝親会社の子会社に対する投資額（子会社株式金額）
　－（子会社の貸借対照表上の資産の時価合計－子会社の貸借対照表
　　上の負債の時価合計）
＝親会社の子会社に対する投資額（子会社株式金額）
　－子会社の時価純資産額
```

　のれんは，連結貸借対照表上に無形固定資産として計上します。その後，20
年以内のその効果の及ぶ期間にわたって，定額法等により規則的に毎期，償却
（減額）し費用計上していきます。のれんの全額が販売費及び一般管理費とし
ていずれ費用になるので，のれんの金額が大きいほど，償却し終えるまでの間，

費用が増加します。また，のれんの償却期間が短いほど[5]償却期間が終わるまでの年間の費用が増加し，営業利益および経常利益，親会社株主に帰属する当期純利益（以下，単に「当期純利益」）が減少します。

[図表７－３]　のれん算定額700の場合の年間償却額

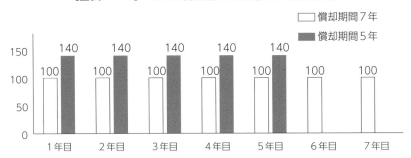

親会社の子会社に対する投資額（子会社株式金額）が子会社の時価純資産額を下回る場合，その差額は「負ののれん」といいます。

[図表７－４]　負ののれんの算出

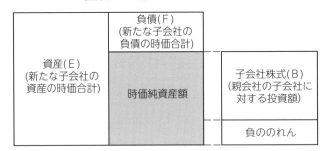

5　償却期間の決定には，子会社の株価評価時の投資の回収期間等，合理的な理由が必要になる。

２．100％未満の株式取得で子会社化した場合ののれんの金額

　親会社[6]が購入（投資）した子会社の株式が100％未満の場合，残りの子会社の株式の保有者（株主）を「非支配株主」といいます。この時，子会社の純資産の一部は非支配株主に帰属していると考えます。そのため，連結財務諸表を作成する際は，親会社株主に帰属する部分（親会社持分）と非支配株主に帰属する部分に分けて考えます。その結果，100％子会社の場合に比べると，のれんの金額に差が生じます。

(1)　非支配株主持分の計算と「非支配株主持分」勘定への振替
　親会社が購入（投資）した株式が100％未満の場合，非支配株主に帰属する時価純資産は，１で説明した「④親会社の子会社に対する投資額（子会社株式金額）」と「子会社の時価純資産額」を相殺する過程で，連結財務諸表上の純資産の部の中の「非支配株主持分」勘定に振り替えます。「親会社の子会社に対する投資額（子会社株式金額）と親会社株主に帰属する子会社の時価純資産額が同額のためのれんが発生せず，非支配株主が存在する場合」の連結貸借対照表の作成手順のイメージは，**図表７－５**になります。

6　そのグループ会社を含む。

(2)　のれんの金額の計算

　のれんの金額は，本来，「親会社の子会社に対する投資額（子会社株式金額）」と「子会社の時価純資産額のうち親会社に帰属する金額（親会社持分）」の差額です。非支配株主に帰属する時価純資産額からは，のれんは発生しません。そのため，先に示したのれんの計算式を，親会社が購入した子会社株式が100％未満の場合を含めて一般化すると，以下になります。

> のれんの金額
> ＝親会社の子会社に対する投資額（子会社株式金額）[7]
> 　－（子会社の時価純資産額×親会社が取得した持分比率）

📖POINT
持分比率
　持分比率は，議決権を有する株式の発行済株式数（分母）と持株数（分子）に基づく比率です。親会社が保有する持分比率の場合，持株数には親会社および他の子会社を考慮する必要があります[8]。

　親会社が保有する持分比率が70％の場合ののれんが発生するイメージは，図表7－6のとおりです。

[図表7－6]　非支配株主が存在する場合ののれんの算出

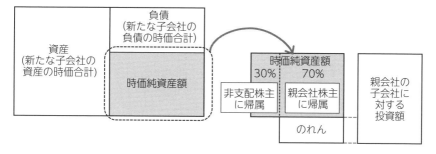

「親会社が保有する持分比率が100％未満で，親会社の子会社に対する投資額＞子会社の時価純資産額のうち親会社に帰属する金額」の場合，1で示した連

7　親会社の子会社に対する投資額は，子会社にした日（支配獲得日という）の時価を使って計算する。
8　子会社が保有する株式数は，子会社に対する持分比率を乗じる。

結貸借対照表の作成手順のイメージは，**図表７－７**になります。

[図表７－７] 非支配株主が存在する場合（のれんあり）の連結貸借対照表の作成手順

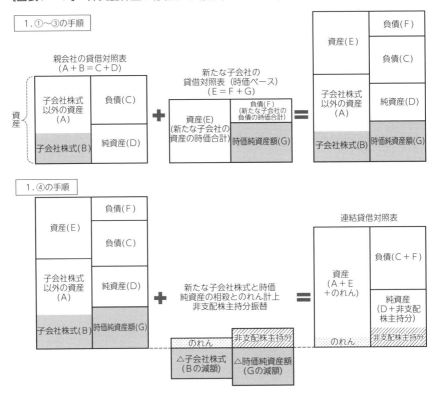

3．のれんの償却金額に影響する要因

(1) 子会社になる会社の株価評価額

　１で述べたとおり，のれんの金額が大きいほど，買収後，償却期間が終わるまで，営業費用が増加し当期純利益が減少します。例えば，投資判断を行った際に，子会社になる会社の株価を結果的に高く評価した（高い値段で子会社を

買収した）場合，子会社化後の当期純利益の減少につながります[9]。

子会社化の投資判断時に子会社になる会社の株価を高く評価

➡ 親会社の子会社に対する投資額が増大（図表７－８の①）

➡ 親会社の子会社に対する投資額と子会社の時価純資産額の差額が増大

➡ 償却されることになるのれんの金額が増大（同②）

➡ 子会社化後の営業費用が増加

➡ 子会社化後の営業利益（および経常利益，当期純利益）が減少

[図表７－８]　投資額が高い場合

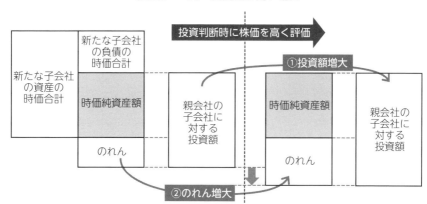

逆に，投資判断を行った際に，子会社になる会社の株価を結果的に低く評価した（安い値段で買収した）場合の当期純利益への影響は，以下のとおりとなります。

子会社化の投資判断時に子会社になる会社の株価を低く評価
➡ 親会社の子会社に対する投資額が縮小（図表7－9の③）
➡ 親会社の子会社に対する投資額と子会社の時価純資産額の差額が縮小
➡ 償却されることになるのれんの金額が縮小（同④）
➡ 子会社化後の営業費用の増大が抑制
➡ 子会社化後の営業利益（および経常利益，当期純利益）の減少が抑制

[図表7－9]　投資額が少ない場合

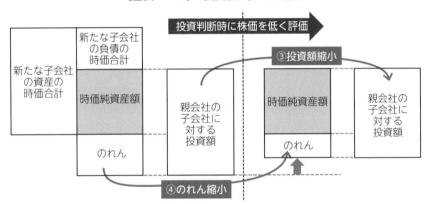

　グループ外の会社を子会社にする際の子会社株式の株価評価額は，最終的に
総合的な判断で決まると考えられます。その際，その妥当性の裏付けとして，
株価評価額は重要な意味を持ちます。第3章で説明したDCF法を使った子会
社の株価評価において，評価額が上がる最も大きな要因は，「フリー・キャッ
シュ・フロー（予想収益）の楽観的な見積り」でしょう。その結果，買収した
子会社が，予想した収益をあげられないと，第10章で説明するのれんの減損損
失発生のリスクが高くなります。

(2)　子会社化する際に取得する持分比率

　子会社化するために取得する持分比率は通常50%超であることが必要ですが，

その範囲で持分比率を低く設定すれば，「親会社の子会社に対する投資額（子会社株式金額）」は小さくなります[10]。同時に，「子会社の時価純資産額×親会社が取得した持分比率」，すなわち親会社に帰属する子会社の時価純資産額も小さくなります。その結果，両者の差額であるのれんの金額も少なくなります。

　例えば，子会社の株主価値が500億円，時価純資産額が350億円の場合，親会社の持分比率とのれんの金額の関係は，**図表７−10**のようになります。

[図表７−10]　親会社の持分比率とのれんの関係

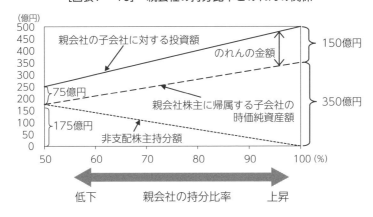

　子会社化に際して取得する持分比率と，のれんの償却による当期純利益への影響の関係をまとめると，以下のようになります。

> **子会社化に際して取得する持分比率が低い[11]**
> ➡　「親会社の子会社に対する投資額」が小さくなり，「親会社に帰属する子会社の時価純資産額」も小さくなる[12]
> ➡　償却されることになるのれんの金額が抑制

10　獲得する持分比率に株式の購入金額が比例することを前提にしている。
11　基本的に持分比率は50％超の必要がある。
12　親会社の子会社に対する投資額（A）＞親会社に帰属する子会社の時価純資産額（B），Aの減少額＞Bの減少額となる場合。

> ➡ 子会社化後の営業費用の増加が抑制
>
> ➡ 営業利益（および経常利益，当期純利益）の減少が抑制
> -
> 子会社化に際して取得する持分比率が高い
>
> ➡ 「親会社の子会社に対する投資額」が大きくなり，「親会社に帰属する
>   子会社の時価純資産額」も大きくなる[13]
>
> ➡ 償却されることになるのれんの金額が増大
>
> ➡ 子会社化後の営業費用が増加
>
> ➡ 営業利益（および経常利益，当期純利益）が減少

　一方で，子会社化時の持分比率が低ければ，子会社の当期純利益のうち，連結損益計算書の親会社株主に帰属する当期純利益として取り込まれる金額も少なくなります。そのため，子会社の当期純利益とのれんの金額の関係を，短期的および中長期的な両方の視点から整理しておくことが重要です。

👍POINT

持分比率と親会社の連結純資産額

　2 (2) で説明したとおり，子会社化した時の子会社の時価純資産額のうち，親会社（株主）に帰属する部分は，連結決算の中で親会社が保有する子会社株式と相殺されます。子会社の時価純資産額のうち，非支配株主に帰属する部分は，相殺されることなく純資産の部の非支配株主持分に振り替えられます。したがって，非支配株主が保有している持分比率は，新たな子会社の連結純資産額にも影響します。

13　親会社の子会社に対する投資額（A）＞親会社に帰属する子会社の時価純資産額（B），Aの増加額＞Bの増加額となる場合。

(3) 子会社の貸借対照表に計上されている資産の時価

　グループ外の会社の子会社化を検討する際には，通常，その会社の資産・負債の内容（実態）を可能な範囲で考慮・検討したうえで買収価格が決定されます。特に，企業価値を，事業価値＋非事業用資産[14]で算出した際の非事業用資産の時価額が大きい場合，子会社化時点の時価額は重要です。例えば，子会社になる会社の資産の時価額が投資判断を行った際の想定よりも高かった場合，のれんの金額が想定よりも小さくなり，子会社化後の当期純利益の減少は抑制されます。

子会社になる会社の資産の時価額が投資判断時の想定より高い（図表７−
11の①）
- ➡ 子会社の時価純資産額も想定より大きくなる（同②）
- ➡ 親会社の子会社に対する投資額（子会社株式金額）と子会社の時価純資産額の差額が縮小
- ➡ 償却されることになるのれんの金額が縮小（同③）
- ➡ 子会社化後の営業費用の増加が抑制
- ➡ 子会社化後の営業利益（および経常利益，当期純利益）の減少が抑制

[図表７−11]　資産の時価が想定より高い場合

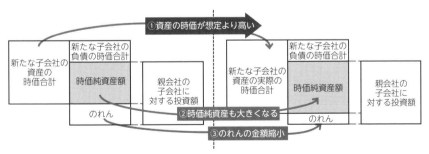

14　詳細は第3章参照。

子会社になる会社の資産の時価が想定より高かった場合，連結決算上の資産の簿価が増加します。その結果，その資産が減価償却を必要とする資産である場合は連結決算の減価償却費が増加し，当期純利益は減少します。また，資産売却時の連結決算の売却益も減少し，その期の当期純利益は減少します。

逆に子会社化した時の資産の時価が投資判断を行った際の想定より低ければ，子会社の時価純資産額が小さくなり，のれんの金額が想定よりも大きくなります。加えて，その資産の売却を考えていた場合，期待した現金が入ってこないことになります。

子会社になる会社の資産の時価が投資判断時の想定より低い

➡ 子会社の時価純資産額も想定より小さくなる

➡ 親会社の子会社に対する投資額（子会社株式金額）と子会社の時価純資産額の差額が拡大

➡ 償却されることになるのれんの金額が増加

➡ 子会社化後の営業費用が増加

➡ 子会社化後の営業利益（および経常利益，当期純利益）が減少

---

(4) 子会社の貸借対照表に計上されていない無形資産

子会社になる会社に法律上の権利など分離して譲渡できる無形資産があれば，元の貸借対照表に計上されていなくても，連結財務諸表上でのみ時価で資産に追加計上します。子会社化時に認識する無形資産には，顧客関係（カスタマーリレーション）や商標権のほか，特許権，ライセンス等も考えられます。

のれんの算定に必要な時価純資産は，これまでの説明では，「子会社になる会社の貸借対照表上の資産と負債の時価の差額」でした。無形資産を認識する場合，時価純資産は以下のとおり，無形資産を加えて算定することになります。

子会社の時価純資産

＝子会社の貸借対照表上の資産の時価合計＋無形資産（時価）

　－子会社の貸借対照表上の負債の時価合計

　この結果，例えば100％子会社の場合，これまで説明してきたのれんの金額は以下になります。

のれんの金額

＝親会社の子会社に対する投資額（子会社株式金額）

　－（子会社の貸借対照表上の資産の時価合計＋無形資産（時価）

　－子会社の貸借対照表上の負債の時価合計）

＝親会社の子会社に対する投資額（子会社株式金額）

　－子会社の時価純資産額

[図表7－12]　無形資産の認識

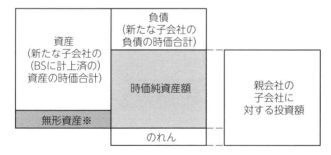

※子会社のBSに計上されていない無形資産

　したがって，無形資産を認識すれば，新たな子会社の資産の時価合計と時価純資産額が増加し，のれんの金額が減少します。投資判断を行った際に想定していなかった無形資産を認識する場合，あるいは想定していたより無形資産の金額が増加した場合，のれんの金額は減少します。

投資判断時の想定より無形資産の金額が増加，または想定していなかった
無形資産を認識（図表7−13の①）

➡ 「子会社の貸借対照表上の資産の時価合計＋無形資産（時価）」の金額
　　が増加

➡ 時価純資産額が増加（同②）

➡ 「親会社の子会社に対する投資額（子会社株式金額）」と「子会社の時
　　価純資産額」の差額が減少

➡ 償却されることになるのれんの金額が減少（同③）

➡ 子会社化後の営業費用が減少

➡ 営業利益（および経常利益，当期純利益）の減少が抑制

[図表7−13]　無形資産を認識した場合ののれん

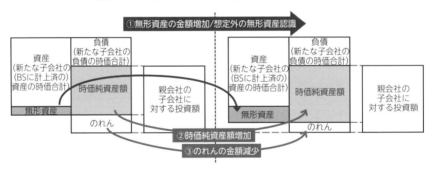

　逆に，無形資産の金額が小さくなった場合等の当期純利益への影響は，以下
のとおりです。

投資判断時の想定より無形資産の金額が減少，または想定していた無形資
産を認識せず

➡ 「子会社の貸借対照表上の資産の時価合計＋無形資産（時価）」の金額

が減少

➡ 時価純資産額が減少

➡ 「親会社の子会社に対する投資額（子会社株式金額）」と「子会社の時価純資産額」の差額が増加

➡ 償却されることになるのれんの金額が増加

➡ 子会社化後の営業費用が分増加

➡ 営業利益（および経常利益，当期純利益）が減少

　なお，図表7－14のとおり，「親会社の子会社に対する投資額（子会社株式金額）」と新たな子会社の貸借対照表に計上されている資産・負債の時価合計が不変であれば，無形資産がある時の「無形資産＋のれんの金額」と，無形資産がない時ののれんの金額は同額です。これらの無形資産は償却が必要なため，最終的な償却額の合計も同額になります。

[図表7－14]　無形資産とのれんの合計

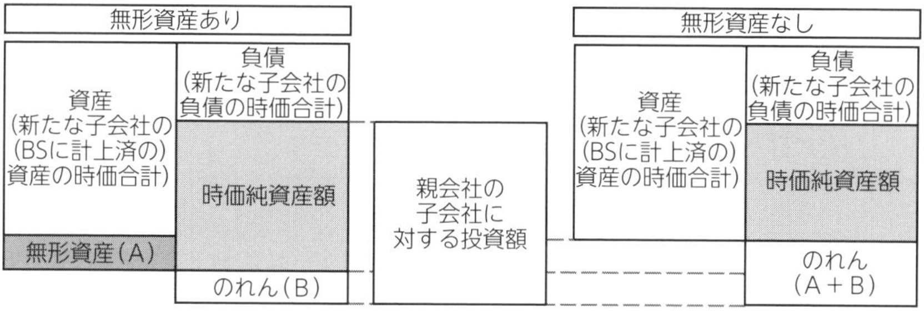

　ただし，一般に，のれんと無形資産の償却期間は異なります。例えば，ダイキン工業株式会社の償却期間は，のれんが6年～20年間，顧客関連資産は「効果の及ぶ期間（主として30年）」[15]，株式会社資生堂の償却期間はのれんが「その個別案件ごとに判断し20年以内」，顧客関連無形資産は5～10年，商標権は

15　ダイキン工業株式会社の2020年度（2021年3月期）の有価証券報告書による。

9〜15年です[16]。

　のれんと他の無形資産の償却期間が異なることで，以下のように，子会社化後の毎年の連結上の当期純利益も変わります。特に，無形資産の中に受注残等の比較的短い期間で償却されるものがあると，子会社化直後の当期純利益に大きな影響を与えることも考えられ，注意が必要です。

のれんより償却期間が短い無形資産を認識

➡　のれんのみの場合より，無形資産の償却終了までの期間の償却金額が増加

➡　子会社化後のその間の営業費用が減少

➡　子会社化後のその間の営業利益（および経常利益，当期純利益）が減少

- -

のれんより償却期間が長い無形資産を認識

➡　のれんのみの場合より，のれんの償却終了までの期間の償却金額が減少

➡　子会社化後のその間の営業費用の減少が抑制

➡　子会社化後のその間の営業利益（および経常利益，当期純利益）の減少が抑制

【情報開示】子会社化に係る開示項目

　新たにグループ外の会社を子会社にした時は，有価証券報告書に含まれる連結財務諸表の中で詳細な情報開示が求められます。そのため，子会社化の検討段階から投資家・株主が納得できる取引を行うとともに，情報開示の内容についての説明等を考えておく必要があります。主な子会社化に係る開示項目は以

16　株式会社資生堂の 2020 年度（2020 年 12 月期）の有価証券報告書による。

下のとおりです。

(1)　子会社化の概要[17]

　子会社になった会社名・事業の内容に加え，子会社化した理由，取得した持分比率等が含まれます。以下は，昭和電工株式会社が2020年度に行った，現金を対価とする株式の取得による日立化成株式会社（現・昭和電工マテリアルズ株式会社）の子会社化の理由の記載です[18]。

> 当社グループが強みとする，幅広い「素材設計技術」及び「素材解析技術」，複数の素材を繋ぎ合せる「異素材接着技術」と，対象者が強みとする，「素材特性を活かした材料設計技術」，顧客マーケティングに必要な「機能評価力」及び顧客から求められる機能を実現する「モジュール部品化を含むプロセス技術に至る機能設計力」を活かしたシナジーを追求することで，「ワンストップ型先端材料パートナー」の地位を確固たるものとするためである。

(2)　子会社に対する取得原価，主要な取得関連費用等

　子会社株式への投資額（取得原価）や主要な取得関連費用の内容および金額等を記載する必要があります。先の昭和電工株式会社による子会社化の場合，取得原価とともにアドバイザリー費用等が記載されています。

(3)　子会社の資産・負債，のれんの金額等

　子会社化の日に子会社から受け入れた資産・負債の額と内訳，のれんの金額，発生原因，償却方法および償却期間，のれん以外の無形資産の金額・加重平均

17　会計基準上は「企業結合」であるが，ここでは「子会社化」に読み替える。
18　昭和電工株式会社の2020年度（2020年12月期）有価証券報告書から抜粋。

償却期間等について記載が求められています。先の昭和電工株式会社による日立化成株式会社の子会社化において，のれんの償却方法および償却期間は「20年にわたる均等償却」と記載されています。のれん以外の無形資産の金額・加重平均償却期間は，以下のように記載されています。

> 取得原価のうちののれん以外の無形固定資産に配分された金額並びにその主要な種類別の内訳及び加重平均償却期間
> のれん以外の無形固定資産に配分された金額 215,918百万円
> （うち顧客関連資産 154,917百万円 償却期間20年）
> （うち技術関連資産 57,138百万円 償却期間 7 年）
> （うち商標権 3,863百万円 償却期間20年）

【財務会計を具体的に理解する】

　ここでは具体例として，子会社を持たないP社が，20X1年 3 月31日にグループ外の会社B社の80％の株式を購入し，B社を子会社にした際の連結貸借対照表の作成手順を説明します。その際の前提は以下です。

- P社は，手元資金を使いB社が発行している株式の80％を640百万円で購入し，B社を子会社にした。
- 20X1年 3 月31日のP社とB社の個別貸借対照表は以下のとおり。なお，B社の諸資産の時価は870百万円，諸負債の時価は320百万円。

P社貸借対照表

諸　資　産	1,050	諸　負　債	990
B 社 株 式	640	資　本　金	400
		利益剰余金	300
	1,690		1,690

B社貸借対照表

諸　資　産	800	諸　負　債	300
		資　本　金	300
		利益剰余金	200
	800		800

● そのほか，B社には，貸借対照表には計上されていない無形資産の「顧客関係」100百万円がある。

(1) 子会社の時価貸借対照表の作成等

B社の諸資産・諸負債を時価で評価・計上するため，諸資産と諸負債の評価差額[19]だけ，諸資産と諸負債の金額を増加させます（それぞれ70と20）。この時，B社には貸借対照表には計上されていない無形資産（顧客関係）があるので，その評価額100を合わせて計上します。「諸資産の評価差額と無形資産の合計」と「諸負債の評価差額」の差額（純額）は，「評価差額」としてB社の純資産に含めます（下表①）[20]。B社の個別貸借対照表に評価差額を計上するための仕訳を反映させた時価ベースの貸借対照表は，以下の「B社時価ベース貸借対照表」のとおりです。次に，P社とB社の時価ベース個別貸借対照表を科目ごとに合算します（同②）。

（単位：百万円）

	B社 貸借対照表 借方 a	B社 貸借対照表 貸方 b	① 借方 c	① 貸方 d	B社時価ベース 貸借対照表 借方 e	B社時価ベース 貸借対照表 貸方 f	P社 貸借対照表 借方 g	P社 貸借対照表 貸方 h	② 借方 A	② 貸方 B
諸資産	800		70		870		1,050		1,920	
B社株式							640		640	
のれん										
顧客関係			100		100				100	
諸負債		300		20		320		990		1,310
資本金		300				300		400		700
利益剰余金		200				200		300		500
評価差額				150		150				150
合　計	800	800	170	170	970	970	1,690	1,690	2,660	2,660

$$e = (a + c) - (b + d) \qquad A = (e + g) - (f + h)$$
$$f = (b + d) - (a + c) \qquad B = (f + h) - (e + g)$$

---

19 評価差額とは，簿価と時価との差額のこと。「含み損益」といわれることも多い。

20 ここでは税効果を適用していないことを前提としている。なお，税効果会計は第12章参照。

(2)　投資と資本の相殺消去とのれんの金額の算定

　この例では，親会社のＰ社が保有しているＢ社株式は全体の80％で，残りの20％の株式は非支配株主が保有しています。そのため，Ｂ社の時価純資産額は，親会社に帰属する部分と非支配株主に帰属する部分に分けて考えます。

①　非支配株主持分の計算と「非支配株主持分」勘定への振替

　親会社が取得した株式が100％未満の場合，「親会社の子会社に対する投資額（子会社株式金額)」に見合うのは，子会社の時価純資産額のうちの「親会社（株主）に帰属する部分」です。Ｐ社はＢ社の株式の80％（すなわち持分比率80％）を640百万円で取得しています。この時，非支配株主持分は20％なので，Ｂ社の時価純資産額の20％は非支配株主に帰属します。

　　Ｂ社の時価純資産額の20％
　　＝［300（Ｂ社の資本金）＋200（Ｂ社の利益剰余金）＋150（評価差額)］
　　　×20％
　　＝650百万円×20％
　　＝130百万円（資本金60，利益剰余金40，評価差額30）

　この金額を，連結財務諸表上の純資産の部の中の「非支配株主持分」勘定に振り替えます。そのための処理が，下表の③です。

(単位：百万円)

		B社時価ベース貸借対照表		P社貸借対照表		②		③		④		P社連結貸借対照表	
		借方 e	貸方 f	借方 g	貸方 h	借方 A	貸方 B	借方 i	貸方 j	借方 k	貸方 l	借方 C	貸方 D
1	諸資産	870		1,050		1,920						1,920	
2	B社株式			640		640					640	0	
3	のれん									120		120	
4	顧客関係	100				100						100	
5	諸負債		320		990		1,310						1,310
6	資本金		300		400		700	60		240			400
7	利益剰余金		200		300		500	40		160			300
8	評価差額		150				150	30		120			0
9	非支配株主持分								130				130
10	合　計	970	970	1,690	1,690	2,660	2,660	130	130	640	640	2,140	2,140

A＝（e＋g）－（f＋h）　C＝（A＋i＋k）－（B＋j＋l）
B＝（f＋h）－（e＋g）　D＝（B＋j＋l）－（A＋i＋k）

②　のれんの金額の計算

　B社の評価差額を含む時価純資産額のうち，P社に帰属するのは以下のとおりです。

　　B社の時価純資産額の80％

　＝［300（B社の資本金）＋200（B社の利益剰余金）＋150（評価差額）］

　　　×80％

　＝650百万円×80％

　＝520百万円（資本金240，利益剰余金160，評価差額120）

　のれんの金額は，「親会社の子会社に対する投資額（子会社株式金額）」と「子会社の時価純資産のうち親会社に帰属する金額」の差額です。したがって，のれんの金額は，640－520＝120百万円です。ここで，B社の評価差額を含む時価純資産のうち，親会社P社に帰属する部分は，P社の投資額（子会社株式金額）と相殺消去します（上表の④）。

(3)　連結貸借対照表の作成

　最後に，③と④の連結修正消去仕訳を，Ｐ社とＢ社（時価ベース）の貸借対照表を合算したもの（②）に加えることで，Ｂ社を子会社にした日のＰ社連結貸借対照表ができ上がります（上表の最右列）。ここでは，子会社の資産・負債を時価評価して求めた時価純資産のうち，非支配株主に帰属する部分は，「非支配株主持分」に振り替えられ（Ｄ列9行目），連結財務諸表上の純資産の部に計上されています。また，子会社になったＢ社の株式とＢ社の純資産全額が表示されていないこと，すなわち投資（Ｂ社株式）と資本（Ｂ社の純資産）が相殺消去されていることがわかります。

(4)　子会社化時に取得した持分比率と自己資本[21]

　以上の説明では，Ｐ社がＢ社を子会社にするにあたり，Ｂ社株式の80％を640百万円で購入することを前提にしていました。Ｐ社がＢ社株式の80％ではなく70％を560百万円で購入し，Ｂ社を子会社にしたとすると（下表 g 列 2 行目），Ｂ社の時価純資産のうち，非支配株主持分に振り替える金額は，Ｂ社の時価純資産の金額の30％で，

　　　[300（Ｂ社の資本金）＋200（Ｂ社の利益剰余金）＋150（評価差額）]×30％

　　　＝650百万円×30％

　　　＝195百万円

になります（ j 列 9 行目）。

　Ｐ社の持分比率が80％から70％になったことで，非支配株主持分が65百万円増加しています。この結果，連結貸借対照表の純資産も830百万円から895百万円（＝資本金400＋利益剰余金300＋非支配株主持分195）に増加しています。ただし，自己資本（ここでは資本金＋利益剰余金）は700百万円で増減はありません。

---

[21]　自己資本＝純資産合計－株式引受権－新株予約権－非支配株主持分＝株主資本＋その他の包括利益累計額

子会社化に際して取得した持分比率を上昇／低下させても，連結上の自己資本には影響しないことがわかります。

（単位：百万円）

		B社時価ベース貸借対照表		P社貸借対照表		②		③		④		P社連結貸借対照表	
		借方 e	貸方 f	借方 g	貸方 h	借方 A	貸方 B	借方 i	貸方 j	借方 k	貸方 l	借方 C	貸方 D
1	諸資産	870		1,130		2,000						2,000	
2	B社株式			560		560					560	0	
3	のれん									105		105	
4	顧客関係	100				100						100	
5	諸負債		320		990		1,310						1,310
6	資本金		300		400		700	90		210			400
7	利益剰余金		200		300		500	60		140			300
8	評価差額		150				150	45		105			0
9	非支配株主持分								195				195
10	合　計	970	970	1,690	1,690	2,660	2,660	195	195	560	560	2,205	2,205

$$A =（e + g）-（f + h）\quad C =（A + i + k）-（B + j + l）$$
$$B =（f + h）-（e + g）\quad D =（B + j + l）-（A + i + k）$$

子会社のステータス変更が
財務に及ぼす影響とは？

・・・・・・・・・・・・・・・・・・・・・・・・・・・・・・・・・・・・・・

　第 2 章で説明したとおり，グループ外の会社の株式を購入し，議決権の20％以上50％以下を保有すれば，その会社をコントロールできないまでも，大株主として発言力を確保できます。この場合，その会社は株式を購入した会社（以下「投資をした会社」）の関連会社[1]になります。投資をした会社の連結貸借対照表には関連会社の資産や負債は反映されませんが，利益や損失は，第 2 章で説明した「持分法」によって連結損益計算書に反映されます。さらに追加出資し過半数の議決権を獲得すると，その会社は子会社になります。

　ここでは，前章とやや重なる部分がありますが，関連会社と子会社の会計上の取扱いの違いを整理するとともに，関連会社を子会社にした時や子会社を関連会社にした時の財務影響を考えていきます。

・・・・・・・・・・・・・・・・・・・・・・・・・・・・・・・・・・・・・・

1．関連会社の株式の取得と持分法

(1)　グループ外の会社を関連会社にした日の会計処理等

　資本関係のないグループ外の会社の株式を購入（投資）し20％～50％以下の議決権を取得した時，そのグループ外の会社は，投資をした会社の関連会社に

1　議決権の 15％以上を保有し一定の要件を充足する場合も，関連会社になる。

なります。投資をした会社は，投資を行った日に，株式の取得に係る会計処理とのれんの金額を算定します。

①　関連会社株式の計上

　グループ外の会社に投資をし，その会社を関連会社にした時，投資をした会社は個別貸借対照表に「関連会社株式」を投資をした価格で計上します。グループ外の会社に投資をし，その会社を関連会社にした日の会計処理は，基本的にこれだけです。関連会社の資産・負債を自社の貸借対照表と合算して連結貸借対照表を作成する必要はありません。

②　関連会社ののれんの金額の算定

　グループ外の会社を関連会社にした日の会計処理は①のとおりですが，そのほかに，「関連会社に投資をした金額」と「関連会社の純資産[2]のうち投資をした会社に帰属する部分」の差額の算定が必要です。つまり，子会社を連結するときと同様，のれんの金額を算定するわけです。

　「関連会社の純資産」とは，関連会社の個別財務諸表上の純資産ではありません。関連会社の資産・負債を時価評価し，資産の時価と負債の時価の差額として求められる純資産の金額，すなわち，時価ベースの純資産額（以下「時価純資産額」）です[3]。この時価純資産額のうち「投資をした会社に帰属する部分」というのは，関連会社の発行済株式数のうち投資をした会社が保有する株式数[4]の比率（以下「持分比率」）に相当する金額（以下「持分相当額」）です。

2　本書では説明の便宜上，特段の支障がない場合に，「資本」と「純資産」を厳密に区別せず使用することがある。
3　のれんの算定には，その会社の資産・負債の時価評価手続が必要になる。ただし，時価と簿価の差額（評価差額）に重要性が乏しい資産・負債は，簿価をそのまま使うことも認められる。
4　投資をした会社の子会社が保有する株式があれば，当該株式も考慮する。

> のれんの金額
> ＝関連会社に対する投資金額（関連会社株式金額）
> 　－関連会社の時価純資産額×持分比率

　のれんは，20年以内の年数で定額法等により規則的に償却していきます。ただし，のれんの金額の算定時は，のれんを計上する会計処理は必要ありません。これは，以上のとおり，関連会社に対する投資額（関連会社株式金額）は，関連会社の時価純資産額のうち投資をした会社に帰属する部分（**図表8－1**のA）とのれんの金額の部分（同B）から構成されている，すなわち関連会社に対する投資額（関連会社株式金額）にはのれんの金額が含まれているためです。そのため，**（2）**で説明するとおり，のれんの償却の際には，関連会社株式の簿価を減額します。

[図表8－1]　関連会社株式の構成

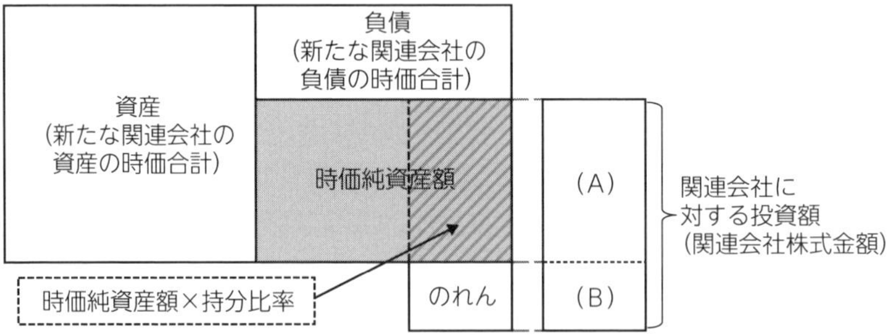

　なお，例外的に，「関連会社に対する投資額」が，「関連会社の時価純資産額のうち投資をした会社に帰属する部分」を下回る場合が考えられます。この場合の差額は負ののれんとなり，「持分法による投資利益」勘定（営業外収益）（第2章参照）として全額を一度に利益に計上します。

(2) のれんの償却

　第2章で説明したとおり，投資をした会社は，関連会社の資本および損益の
うち投資をした会社に帰属する部分の変動を，持分法によって自社の連結財務
諸表に反映させます。

　持分法でののれんの償却（費用計上）の会計処理は，関連会社株式の簿価を
減額する一方で，「持分法による投資損失」（営業外費用）を認識することで行
います[5]。例えば，ある会社（以下「Ｉ社」）がＤ社株式の30％を800百万円で購
入（投資）し，Ｄ社を関連会社にした場合を考えます。Ｄ社が関連会社になっ
た時の時価純資産額が2,000百万円とすると，そのうちＩ社に帰属する部分は
600百万円（＝2,000百万円×30％），のれんの金額が200百万円となります。Ｉ
社が投資した以降のＤ社の当期純利益が1年当たり100百万円，のれんの償却
期間を10年とすると，Ｉ社の連結財務諸表上，投資してから5年間の関連会社
株式の金額は以下のようになります[6]。

[図表8－2]　関連会社株式の構成要素の推移

　のれんの全額がいずれ費用になりますが，のれんの金額が大きいほど，償却

5　連結財務諸表上，持分法による投資損益は，営業外収益または営業外費用に一括して表示する。
6　本章では，投資をした会社は関連会社から配当金を受け取っていないものとする。関連会社から
　配当金を受け取った場合は，配当金相当額を関連会社に対する投資額（関連会社株式金額）から減
　額する。

期間が短いほど，償却期間が終わるまでの年間の費用が増加します。その結果，持分法による投資利益および親会社株主に帰属する当期純利益（以下「当期純利益」）が減少します。

これまでの説明からわかるとおり，投資する会社が投資判断を行う際に，関連会社株式を高く評価した場合の当期純利益への影響は，以下のとおりです。

投資判断時の関連会社になる会社の株価を高く評価（図表8－3の①）
➡ 関連会社に対する投資額（関連会社株式金額）が増加（同②）
➡ 「関連会社に対する投資額（関連会社株式金額)」と「投資をした会社に帰属する関連会社の時価純資産額」の差額が増加
➡ 償却されることになるのれんの金額が増加（同③）
➡ 関係会社化後の営業外費用が増加
➡ 関連会社化後の経常利益（および当期純利益）が減少

[図表8－3]　関連会社に対する投資額が高い場合

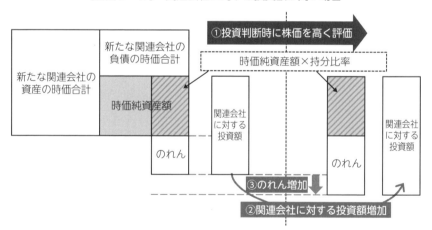

上記と逆に，投資する会社が投資判断を行う際に，関連会社株式を低く評価した場合は，以下のとおりです。

投資判断時の関連会社になる会社の株価を低く評価（図表8－4の④）

➡ 関連会社に対する投資額（関連会社株式金額）が減少（同⑤）

➡ 「関連会社に対する投資額（関連会社株式金額）」と「投資をした会社
に帰属する関連会社の時価純資産額」の差額が減少

➡ 償却されることになるのれんの金額が減少（同⑥）

➡ 関係会社化後の営業外費用が減少

➡ 関連会社化後の経常利益（および当期純利益）の減少が抑制

[図表8－4]　関連会社に対する投資額が低い場合

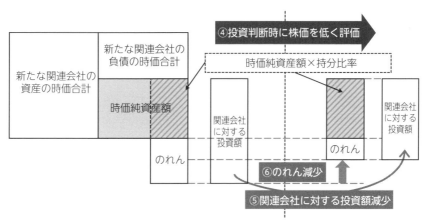

　グループ外の会社を関連会社にする際の関連会社の株価（企業価値，株主価値）については，複数の評価方法を使い，一定の金額のレンジの中で，最終的に総合的な判断で決まると考えられます。その妥当性の裏付けとして，DCF法による株価（企業価値，株主価値）評価額は重要な意味を持ちます。第3章で説明したとおり，DCF法の場合，子会社の企業価値・株主価値評価額が上がる最も大きな変数は「フリー・キャッシュ・フロー（予想収益）の見積り」です。関連会社が予想した収益をあげられないと，のれんの減損損失（第10章参照）が発生するリスクが高くなります。

2. 複数回の投資により子会社化した際に生じる差損益等

1つの会社に何回かに分けて投資を行い子会社にする場合,

(1) 株式を保有しているものの,関連会社ではない会社を子会社にする場合

(2) 関連会社を子会社にする場合

が考えられます。これらと,

(3) すでに子会社になっている会社に追加投資する場合

を比較すると,同じ追加投資でも,(1) と (2) は損益が発生し,(3) は損益が発生しません。

以下では,なぜ,(1) と (2) では追加投資するだけで損益が発生するのか,(1)・(2) と (3) は何が違うのかを説明していきます。

(1) 関連会社でない会社を子会社化する場合の段階取得差損益

何回かの投資の結果,ある会社を自社の子会社にすることを段階取得といいます。連結決算上,段階取得によるその会社への投資額は,実際の株式への投資金額ではなく,子会社化した日の時価で算定します。これは,子会社にしたことで,それまでの投資の実態または本質が変わった,と考えるためです。そこで,「過去に投資をしていた株式をいったん売却し,改めて過半数の株式をその時の時価で投資」したかのような会計処理を行います。子会社化の直前に親会社が保有している株式の時価と実際の株式の取得金額との差額は,連結決算上でのみ,段階取得に係る差損益として特別利益または特別損失に計上します。

「子会社化時点の保有株数×株価」 > 「子会社化までの株式投資金額」
➡ 連結決算でのみ,子会社化時に段階取得に係る差益を計上

➡ 当期純利益が増加（営業利益，経常利益に影響なし）

- -

「子会社化時点の保有株数×株価」＜「子会社化までの株式投資金額」

➡ 連結決算でのみ，子会社化時に段階取得に係る差損を計上

➡ 当期純利益が減少（営業利益，経常利益に影響なし）

(2) 関連会社を子会社化する場合の段階取得差損益

① 段階取得差損益の認識

関連会社を子会社化する場合，段階取得差損益は**図表8－5**のとおり，

- ●実際の投資金額（株式の取得金額（a＋d×e））
- ●それまでに連結決算で取り込んだ関連会社の当期純利益の累計額（b）[7,8]
- ●のれんの償却の累計額（c）

等を使って計算し，特別利益または特別損失を計上します（図表8－5のとおり「子会社化時に追加投資をした株数（d）×子会社化時の株価（e）」は，段階取得に係る差益の金額に影響しません）。

[図表8－5] 段階取得に係る差益の計算

- -

7 bにはのれんの償却累計額は含まない。

8 投資をした会社は関連会社から配当金を受け取っていないものとしている。

関連会社を子会社にするために追加投資をした株式の株価（図表8－5の e）と段階取得に係る差損益の関係を整理すると，以下になります。

　A（図表8－5右側）：子会社化時の保有株数（d＋f）×子会社化時の株価（e）

　B（図表8－5左側）：子会社化前に保有していた株式への投資金額（a）＋持分法投資損益として取り込んだ当期純利益（損失）累計額（b）－のれんの償却累計額（c）＋子会社化時に追加投資した株数（d）×子会社化時の株価（e）

とした時に，

> AがBより大
> ➡ 連結決算で，子会社化時にA－Bの金額を段階取得に係る差益として計上
> ➡ 当期純利益が増加（営業利益，経常利益には影響なし）
> -
> AがBより小
> ➡ 連結決算で，子会社化時にA－Bの金額を段階取得に係る差損として計上
> ➡ 当期純利益が減少（営業利益，経常利益には影響なし）

② 子会社化時の株価と段階取得に係る差損益

　子会社化時の株価が上昇すればするほど，段階取得に係る差益は増加します。
　例えば，P社は，E社（発行済株式数100千株）を子会社化する前に30千株を1株当たり200円で投資（合計6,000千円）しており，子会社化時には追加で70千株を1株当たり350円で投資して，発行済株式数100千株をすべて取得し100％子会社にしたとします。

子会社化前に保有していた 株式の投資金額	子会社化時に追加投資をした 株式の投資金額
30千株×200円＝6,000千円	70千株×350円＝24,500千円

　また，「持分法投資損益として取り込んだ当期純利益累計額－のれんの償却累計額」が3,000千円だったとすると，段階取得に係る差益は，

　　100千株（30千株＋70千株）×350円－（30千株×200円＋70千株×350円

　　＋3,000千円）

　　＝35,000千円－33,500千円

　　＝1,500千円

です。図表 8 － 5 にここでの例を当てはめると下図の右側になります。

　段階取得に係る差益は，「株価の上昇額×子会社化前の保有株式数」で増加します。子会社化前の保有株式数が30千株なので，株価が50円上昇すれば段階取得に係る差益は1,500千円増加しています。

[図表8-6] 子会社化時の株価の段階取得に係る差益への影響

（単位：千円）

A	子会社化時株価（円）		250円	300円	350円	400円	450円
	B	持分法投資損益として取り込んだ当期純利益（損失）累計額－のれんの償却累計額	3,000	3,000	3,000	3,000	3,000
	C	子会社前に保有していた株式への投資金額	6,000	6,000	6,000	6,000	6,000
	D	子会社化時に追加投資した株数×子会社化時の株価	17,500	21,000	24,500	28,000	31,500
E	実質取得価額		26,500	30,000	33,500	37,000	40,500
	F	子会社化前に保有していた株数×子会社化時の株価	7,500	9,000	10,500	12,000	13,500
	D	子会社化時に追加投資した株数×子会社化時の株価	17,500	21,000	24,500	28,000	31,500
G	子会社化時保有株の時価		25,000	30,000	35,000	40,000	45,000
H	段階取得に係る差益（G－E）		▲1,500	－	+1,500	+3,000	+4,500

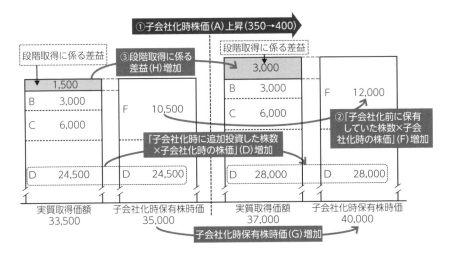

③ 子会社化時の株価と段階取得に係る差損益とのれんの金額

　関連会社の子会社化に伴い，「親会社保有株式数×子会社化時の株価」（**図表8-7**のD＋F（またはG））と子会社になった会社の「時価純資産額×持分比率」（同I）の差額（同G－I＝J）は，のれんになります。子会社化時の株価が上がれば，段階取得に係る差益（同H）は**（2）**②のとおり大きくなりますが，同時にのれんの金額も増加します。子会社化時の株価が下がれば，段階取得に係る差益は小さくなり，同時にのれんの金額も減少します。

先の例では，子会社化時に追加で70千株を１株当たり350円で投資し，段階取得に係る差益は1,500千円でしたが，１株当たり400円で投資をした場合は，段階取得に係る差益は3,000千円に増加（＋1,500千円）します。子会社時の子会社時価純資産×親会社持分比率（ここでは100％）を27,500千円とすると，のれんの金額は7,500千円から12,500千円に増加（＋5,000千円）します。

[図表8－7]　子会社化時の株価ののれんへの影響

（単位：千円）

A	子会社化時株価		250円	300円	350円	400円	450円
	B	持分法投資損益として取り込んだ当期純利益（損失）累計額－のれんの償却累計額	3,000	3,000	3,000	3,000	3,000
	C	子会社前に保有していた株式への投資金額	6,000	6,000	6,000	6,000	6,000
	D	子会社化時に追加投資した株数×子会社化時の株価	17,500	21,000	24,500	28,000	31,500
E	実質取得価額		26,500	30,000	33,500	37,000	40,500
	F	子会社化前に保有していた株数×子会社化時の株価	7,500	9,000	10,500	12,000	13,500
	D	子会社化時に追加投資した株数×子会社化時の株価	17,500	21,000	24,500	28,000	31,500
G	子会社化時保有株の時価		25,000	30,000	35,000	40,000	45,000
H	段階取得に係る差益（G－E）		▲1,500	－	＋1,500	＋3,000	＋4,500
I	子会社化時の子会社時価純資産×親会社持分比率		27,500	27,500	27,500	27,500	27,500
J	のれん（G－I）		▲2,500	2,500	7,500	12,500	17,500

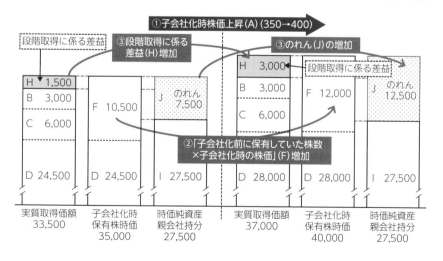

子会社化時の株価の上昇に対して，段階取得に係る差益は，子会社化前に保有していた株数分，増加します（図表8－7のF）。一方，のれんは子会社化した時の株数分，増加します（同DとF）。F＜D＋Fなので，株価の上昇に対し，「段階取得に係る差益の増加金額」より「のれんの増加金額」のほうが大きくなります。のれんは20年以内に償却し，いずれ全額が費用になります。したがって，子会社化時の株価と段階取得に係る差益，のれんの金額は以下の関係にあります。

子会社化時に追加投資する株式の株価が上昇
➡ 「子会社化時の段階取得に係る差益増加額」より，「償却されることになるのれんの金額の増加額」が大きい
➡ 子会社化時以降の累計でのネット費用が増加
➡ 子会社化時以降の累計でのネットの当期純利益が減少

- -

子会社化時に追加投資する株式の株価が下落
➡ 「子会社化時の段階取得に係る差益減少額」より「償却されることになるのれんの金額の減少額」のほうが大きい
➡ 子会社化時以降の累計でのネット費用が減少
➡ 子会社化時以降のネットの当期純利益の減少が抑制（またはネットの当期純利益が増加）

---

(3) 子会社株式の追加取得の影響

例えば，持分比率51％の子会社に対して持分比率を80％に引き上げる場合のように，子会社になってからの別の取引[9]で株式を追加で取得した場合は，差損益は発生しません。

9　支配獲得時の取引から追加取得までに一定期間が経過している等，実態としての別の取引。支配獲得時の取引と追加取得が，実態から判断して，一体取引として扱われることもありうる。

また，のれんを計上するのは支配を獲得した時点のみで，「追加取得で増加した持分比率に見合う子会社の資本」と「追加取得した株式の投資金額」との差額は，連結決算上のれんになりません。この差額は「追加取得で増加した持分比率に見合う非支配株主持分」を減額するとともに，当該金額と追加取得した株式の投資金額との差額は，資本剰余金の増減になります。

　これらの会計処理を考えるにあたっては，連結財務諸表が親会社と子会社から成る企業集団の財務諸表であり，連結財務諸表は，親会社のためというより企業集団を構成する親会社および子会社すべての株主のために作成されていると考えるとわかりやすいと思います。すでに企業集団内にいる子会社の株式を親会社が追加取得するということは，親会社と子会社の他の株主（非支配株主）との取引であり，同じ企業集団の株主同士の取引にすぎません。そのため，差損益やその後の費用につながるのれんの追加計上はせず，連結財務諸表の純資産の内訳の変動（非支配株主持分の減少と資本剰余金の増減）として処理をします。

[図表 8 − 8]　親会社が子会社の株式を追加取得して100％子会社にする場合

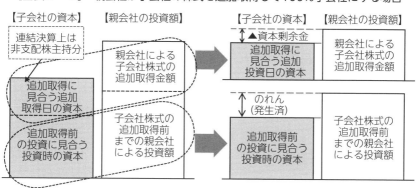

　例えば，P社がグループ外の会社S社を持分比率90％の子会社にした場合を考えてみます。この時，S社が持分比率90％の子会社になった経路として，「持分比率90％の株式を一度に取得して子会社にした場合」と「50％超の低い

持分比率（例えば51％）で子会社にした後，一定の期間経過後等の別の取引で株式を追加取得し持分比率90％まで引き上げた場合」を比較すると，親会社の自己資本への影響に差異はないものの，最終的にはのれんの金額には差が生じます。その結果，当期純利益への影響にも差が生じます。

> 最終的に保有する持分比率が同じでも，子会社化時に親会社が保有する持分比率が低い
> ➡ 償却されることになるのれんの合計金額は少額
> ➡ 子会社化後の営業費用が抑制
> ➡ 子会社化後の営業利益（および経常利益，当時純利益）の減少が抑制

3．子会社株式の一部売却による連結決算上の売却損益

事業のコア領域の見直しなどのため子会社株式の一部を売却する場合，その後の会社のステータスは，

(1) 引き続き子会社

(2) 関連会社

(3) 子会社・関連会社でなくなる

が考えられます。この際，親会社の個別決算では，売却損益は「（売却時の株価－投資時の株価）×売却株数」です。一方，連結決算では，以下に説明するとおり，(1) の場合は売却損益自体が計上されません。また，(2) (3) はいずれの場合も売却損益は計上されますが，基本的に親会社の個別決算とは異なる金額になります。

ここでは，20X0年3月31日にP社がS社の発行済株式数の80％（80千株）を1株10千円，合計800百万円（投資額800百万円）で取得し，子会社にした場合を例に考えます。なお，子会社化時のS社の資本は800百万円で，そのうち資本金300百万円，利益剰余金500百万円とします。この時，S社の資産には

[図表8－9]　S社の時価純資産額とP社持分

| 20X0年3月31日 | | 20X1年3月31日 | |

200百万円の含み益があり，時価純資産額は1,000百万円だったとします。この例では，P社に帰属する時価純資産額（1,000百万円×80％＝800百万円）と投資額が同額なので，のれんは発生していません。

　翌年度（20X1年3月期）のS社の当期純利益が200百万円だとすると，20X1年3月31日の資本（子会社化時の資産の含み益（評価差額）反映後。以下同様）と親会社持分は**図表8－9**の右側のとおりになります。

（1）　株式の一部売却後も引き続き子会社の場合

　上の例で，20X1年3月31日にP社は子会社のS社株式20千株（発行済株式数の20％）を1株14千円，合計280百万円で売却したとします。P社はS社株式を1株10千円で取得していたので，P社の個別決算での子会社株式売却益は，20千株×（14千円－10千円）＝80百万円です。連結決算上，売却持分は**図表8－10**の右側のとおり240百万円で，売却価額280百万円との差額は40百万円です。

　連結決算では，売却価額と売却持分との差額が基本的に売却損益になるのですが，子会社株式の一部売却後も引き続き子会社である場合は，この差額は売却損益として計上できず，資本剰余金の増減で処理します。ここでの例では，P社はS社株式60千株（発行済株式数の60％）を保有しており，引き続きS社

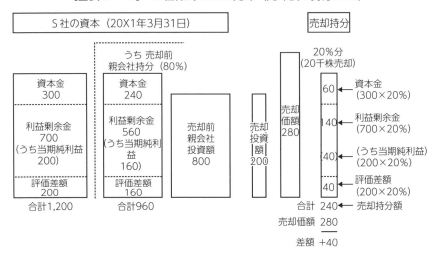

[図表8−10]　S社株式20%の売却（売却後の持分60%）

は子会社です。この場合は資本剰余金が40百万円増加します。

　なお，子会社化時にのれんが発生していない前提で説明してきましたが，のれんが発生している場合で，株式の一部売却後も引き続き子会社であれば，のれんの残高（未償却額）は不変で減少しません。

👍POINT

連結決算上の子会社株式売却損益

　先に，子会社株式の一部売却による連結決算上の売却損益は，「売却価額と売却した子会社株式への投資金額の差額」ではなく，「売却価額と売却により減少する売却持分との差額」が基本と説明しました。図表8−10の場合，売却持分240百万円と売却投資額200百万円の差額40百万円は，S社の20X1年3月期の当期純利益によるものです。これは，親会社P社の個別財務諸表にはS社の当期純利益は影響していませんが，P社の連結財務諸表上，この分はすでに利益計上し利益剰余金に含まれています。子会社株式の一部売却の売却益を売却価額280百万円と売却投資額200百万円の差額で考えると，この部分が連結決算上，利益の二重計上になってしまうのです。

(2) 株式の一部売却後は関連会社になる場合

20X1年3月31日にP社は保有するS社株式80千株（発行済株式数の80％）のうち50千株を1株14千円，合計700百万円で売却したとします。個別決算での子会社株式売却益は，50千株×（14千円−10千円）＝200百万円です。連結決算上，売却持分は**図表8−11**のとおり600百万円で，売却価額700百万円との差額は100百万円となり，この金額が連結決算上の売却益になります。

[図表8−11] S社株式50％の売却（売却後の持分30％）

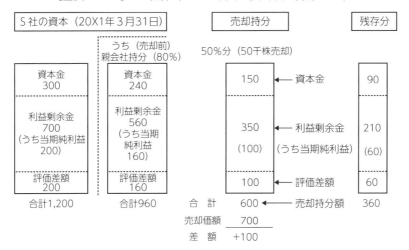

利益を上げている子会社の利益剰余金は増加しているので，その分，親会社持分の利益剰余金も増加しています。この場合，株式の一部を売却して子会社から関連会社にする際の，個別財務諸表上の株式売却益と連結財務諸表の売却益の関係は以下になります。

> 子会社化後に子会社が利益を計上
> ➡ 子会社の資本が増加

- ➡ 親会社持分が増加[10]し，親会社の個別財務諸表上の子会社株式の帳簿価額を上回る
- ➡ 子会社株式売却時の連結財務諸表上の売却益は，個別財務諸表上の売却益を下回る

　なお，上の例では，Ｐ社は株式売却後もＳ社株式を30千株（発行済株式数の30%）保有しているので，Ｓ社は関連会社です。Ｓ社がＰ社の子会社から関連会社になることで，Ｐ社の連結貸借対照表からＳ社の資産・負債が除かれる一方，Ｓ社株式が「関連会社株式」として計上されます。売却後のＰ社の個別財務諸表上のＳ社株式の計上額は300百万円[11]ですが，連結財務諸表上のＳ社株式は，300百万円＋子会社化後のＳ社の当期純利益200百万円×Ｐ社の持分割合30%＝360百万円になります。

(3) 株式の一部売却後は子会社・関連会社でなくなる場合

　子会社株式の一部売却後，子会社でも関連会社でもなくなる場合，基本的な考え方は，(2)の場合と同様です。

　上の例で，20X1年3月31日にＰ社は保有するＳ社株式80千株（発行済株式数の80%）のうち70千株を1株14千円，合計980百万円で売却したとします。株式売却後，Ｐ社が保有しているＳ社株式は発行済株式数の10%のみなので，Ｓ社は子会社でも関連会社でもなくなります。この時の個別財務諸表上の子会社株式売却益は，70千株×（14千円－10千円）＝280百万円です。連結決算上，売却持分は以下のとおり840百万円で，売却価額980百万円との差額は140百万円となり，この金額が連結財務諸表上の売却益になります。

10　のれんの償却額を考慮する必要がある。

11　当初，Ｓ社株式の80%を800百万円で購入（投資）した後，50%分を売却，残りは800百万円×30%/80%＝300百万円。

[図表8-12]　S社株式70%の売却（売却後の持分10%）

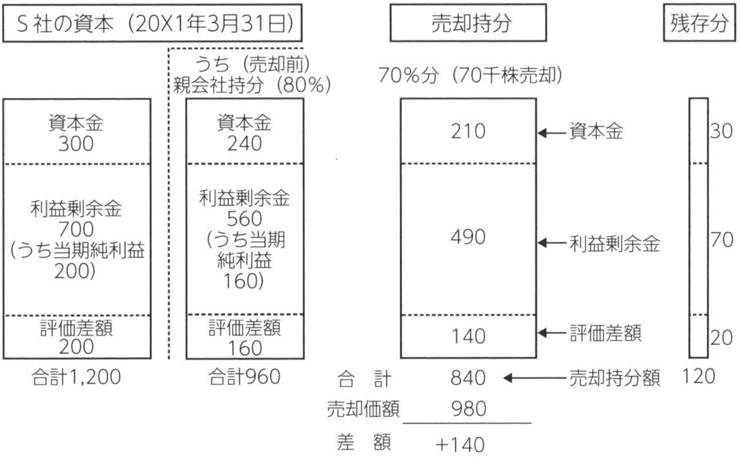

なお，売却後のP社の個別財務諸表上のS社株式の計上額は100百万円です[12]。(2) と同様に考えると，連結財務諸表上は，100百万円＋子会社化後のS社の当期純利益200百万円×P社の持分割合10％＝120百万円になります。ただし，S社は関連会社でもなくなっているので，連結財務諸表上も個別財務諸表上の帳簿価額に合わせることになります。そのため，S社株式を20百万円減額し，利益剰余金を同額減らします。

【財務会計を具体的に理解する】

(1)　関連会社を子会社化した際に生じる段階取得に係る差損益

　以下で，P社が資本関係のないグループ外のE社を関連会社にし，その後，子会社にする場合を考えます。前提として，P社が，20X1年3月31日にE社株式（発行済株式数1,000千株）を1株1,200円で400千株を取得（投資金額480

12　当初，S社株式の80％を800百万円で購入（投資）した後，70％分を売却，残りは800 × 10% /80% = 100 百万円。

百万円）したとします（持分比率40％）。その後，20X2年3月31日に追加で200千株を1株1,600円で取得（投資金額320百万円）しE社を子会社にしたとします（持分比率（合計）60％）。

取得日	持分比率	株式数	投資価格	時価/株
20X1年3月31日	40％	400千株	480百万円	1,200円
20X2年3月31日	20％	200千株	320百万円	1,600円
合　計	60％	600千株	800百万円	

① グループ外の会社の株式取得時の会計処理

　関連会社になるE社の株式を480百万円で取得し，現金で支払った場合の仕訳は以下のとおりです。なお，この仕訳は，個別財務諸表上で行います。

E 社 株 式 （関連会社株式）	480	現　　　　金	480

② グループ外の会社を関連会社にした日ののれん相当額の算出

　以下は，P社がE社を関連会社にした日（投資をした日）（20X1年3月31日）のP社とE社の個別貸借対照表です。

（単位：百万円）

P社貸借対照表

諸　資　産 （土地を除く）	3,840	諸　負　債	2,520
		資　本　金	1,500
E 社 株 式	480	利益剰余金	300
	4,320		4,320

E社貸借対照表

諸　資　産 （土地を除く）	500	諸　負　債	600
		資　本　金	500
土　　　地	800	利益剰余金	200
	1,300		1,300

　20X1年3月31日のE社の諸資産（土地を除く）と諸負債は時価＝簿価で，

土地の時価は850百万円とします。この時，評価差額の純額は土地の分の50百万円で，E社の時価純資産額は以下のとおり，750百万円です。

750百万円＝E社資本金500百万円＋利益剰余金200百万円

＋評価差額の純額50百万円

のれんの金額は，1 (1) ②のとおり，「関連会社に投資をした金額（関連会社株式金額）－関連会社の時価純資産額×持分比率」のため，この場合，以下のとおり180百万円です。

180百万円＝E社株式480百万円（＝1,200円×400株）

－E社の時価純資産額750百万円×P社持分比率40%

③　関連会社の当期純利益の取込みとのれんの償却

E社の20X2年3月期の当期純利益を100百万円とすると，P社が連結決算上で取り込むべきE社の当期純利益の金額は，40百万円（＝E社の当期純利益100百万円×P社が保有する持分比率40%）です[13]。関連会社の当期純利益を取り込む仕訳は以下です。

E　社　株　式	40	持分法による 投　資　利　益	40

ここで，のれんの償却期間を10年とすると，1年間当たりののれんの償却金額は180百万円÷10年＝18百万円です。この時ののれんの償却に係る仕訳は以下です。

持分法による 投　資　利　益	18	E　社　株　式	18

この結果，E社株式を追加取得する前のE社に対する連結決算上の投資額は，400千株×1,200円＋40百万円－18百万円＝502百万円です。

13　E社から株主への配当金支払はなかったものとする。

持分法投資損益として取り込んだ当期純利益（損失）累計額－のれんの償却累計額	40百万円－18百万円＝22百万円
子会社前に保有していた株式への投資金額	400千株×1,200円＝480百万円

合計 502百万円

④　関連会社を子会社化した際に生じる段階取得に係る差損益

　段階取得に係る差益を計算する際に必要なE社に対する投資額とは，支配獲得までの実際の投資額（480百万円＋320百万円＝800百万円）と「関連会社の当期純利益の取込み（40百万円）とのれんの償却（▲18百万円）」の累計額で，822百万円です。時価は600千株×1,600円＝960百万円です。したがって，段階取得に係る差益は，960百万円－822百万円＝138百万円です。

段階取得に係る差益		138百万円	
持分法投資損益として取り込んだ当期純利益（損失）累計額－のれんの償却累計額	子会社化前に保有していた株数×子会社化時の株価	40百万円－18百万円＝22百万円	400千株×1,600円＝640百万円
子会社前に保有していた株式への投資金額		400千株×1,200円＝480百万円	
子会社化時に追加投資した株数×子会社化時の株価	子会社化時に追加投資した株数×子会社化時の株価	200千株×1,600円＝320百万円	200千株×1,600円＝320百万円
投資額	時価	合計 822百万円	合計 960百万円

(2)　子会社株式の追加投資に係る会計処理

　P社が，グループ外のS社（時価純資産額1,000百万円）の発行済株式数の60％分の株式を750百万円で取得し[14]，子会社にしたとします。この時，のれんの金額は，750百万円－1,000百万円×60％＝150百万円で，非支配株主持分は，S社の時価純資産額1,000百万円×（1－60％）＝400百万円です。

　この時の投資と資本の相殺消去仕訳（以下「仕訳①」）は以下のとおりです。

14　発行済株式数の10％分当たり125百万円。

S 社 資 本 （資本金，資本 剰余金，利益剰 余金，評価差額 等）15	1,000	S 社 株 式	750	
の れ ん	150	非支配株主持分	400	

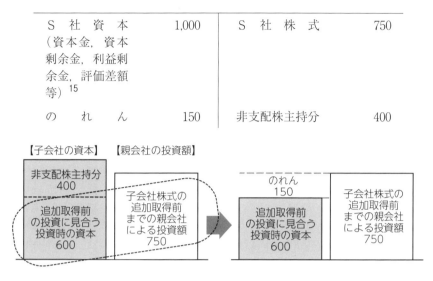

【子会社の資本】　【親会社の投資額】

その後，一定期間経過後の別の取引で，P社が発行済株式数の40％分のS社株式を500百万円で追加取得したとします。ここで，子会社化以降のS社の当期純利益がゼロであったとします。この時，直前の非支配株主持分が子会社化した時と同額の400百万円のため，追加取得に係る仕訳（以下「仕訳②」）は以下のとおりで，資本剰余金が100百万円減少しています。

非支配株主持分	400	S 社 株 式	500	
資 本 剰 余 金	100			

仕訳①と仕訳②を合計すると以下になります。

S 社 資 本 （資本金，資本 剰余金，利益剰 余金，評価差額 等）	1,100	S 社 株 式	1,250	
の れ ん	150			

15　相殺消去の仕訳であり，ここではS社資本を1,000百万円減少（消去）させている。

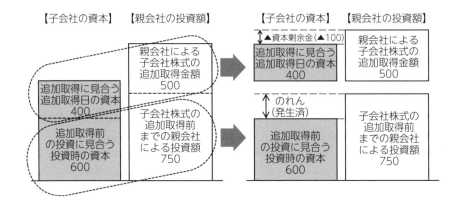

　P社が1回でS社の発行済株式数の100％分を1,250百万円で取得した場合，のれんの金額は，1,250百万円－1,000百万円＝250百万円です。この時，非支配株主持分はゼロです。

S　社　資　本 （資本金，資本 剰余金，利益剰 余金，評価差額 等）	1,000	S　社　株　式	1,250
の　れ　ん	250		

　「追加投資」の場合，その時点で自己資本（資本剰余金）が100百万円減少しています。そのため，最終的な資本剰余金，利益剰余金を含む自己資本減少額は，（のれんの償却費用150）＋（追加投資時の資本剰余金の減少100）＝250百万円です。

　一方，「一括投資」の場合，その時点での自己資本の減少はありません。ただし，のれんの金額が100百万円多い分，償却による費用増加で自己資本（利益剰余金）金額が最終的に250百万円減少します。そのため，「低い持分比率（ここでは60％）で子会社にした後，一定期間経過後の別の取引で株式を追加投資（同40％）し，最終的な持分比率（同100％）まで引き上げる場合」と「最初から最終的な持分比率（同100％）の株式に投資をして子会社化する場合」では，損益計上額に差異が生じる一方，最終的な自己資本への影響額に差異はありません。

合併相手がグループ内か外かで
違いが生じる？

外部の会社との経営統合は，例えば，身近な百貨店やコンビニエンスストアでもみられますし，大手銀行・損害保険会社の多くは，複数の会社の経営統合を経て現在に至っています。

経営統合の手法には合併，株式交換，株式移転等がありますが，本章では合併を取り扱うこととし，最初に，資本関係のないグループ外の会社との合併を考えます。この場合，合併される会社の資産・負債は合併新会社の貸借対照表に時価で計上するとともに，のれんと無形資産を新たに認識します。次に，親会社と子会社の合併の会計処理を考えます。

1．企業結合と会計処理

会社が組織再編を行う場合，買収（株式購入による支配[1]の獲得）や合併，会社分割による一部事業の分離等の方法があります。財務会計では，「ある企業（または事業）と他の企業（または事業）とが１つの報告単位に統合されること」を「企業結合」と定義しています。例えば，A社とB社の合併では，合併前はA社，B社それぞれが財務諸表を作成していますが，合併後は，存続し

1　企業または事業の財務および経営方針を左右する能力。

た会社が1つの財務諸表を作成するので企業結合に該当します。

　企業結合は，「取得」「共通支配下の取引」「共同支配企業の形成」の3つに分類され，それぞれ異なる会計処理が行われます。

[図表9－1]　企業結合に係る会計処理

取　得	内容	ある企業が他の企業または企業を構成する事業に対する支配を獲得すること。例えば，資本関係のない会社同士の合併が該当する。以下の共通支配下の取引および共同支配企業の形成以外の企業結合は取得になる。
	会計処理	ある企業または事業を取得する企業（以下「取得企業」）は，以下の2で詳細を説明する「パーチェス法」により会計処理を行う。 パーチェス法：取得企業は，取得される企業（以下「被取得企業」）[2]の資産・負債を時価で受け入れる。取得企業が，被取得企業を取得するのに要した原価（以下「取得原価」）は，対価の現金または交付した株式等の時価とする。取得原価と被取得企業の時価純資産の差額は，のれんとして計上する。
共通支配下の取引	内容	企業結合の前後で，当事会社のすべてを同一の株主が支配している企業結合。親会社と子会社，子会社同士等，連結グループ内で行われる企業結合が該当する。
	会計処理	当事会社間の資産・負債の移転[3]は，時価ではなく帳簿価額で行う。
共同支配企業の形成	内容	共同支配企業とは，複数の独立した企業（以下「共同支配投資企業」）により共同で支配される企業。共同支配企業の形成とは，複数の独立した企業が契約等に基づき，共同支配企業を形成する企業結合。
	会計処理	▪共同支配投資企業から移転される資産・負債を，共同支配企業は帳簿価額で引き継ぐ。 ▪共同支配投資企業の連結財務諸表上，共同支配企業への投資に持分法[4]を適用する。

2　取得とされた企業結合では，いずれかの結合当事企業を取得企業として決定する必要がある。主な対価が株式の企業結合では，株式を交付する企業が取得企業になることが多いと考えられる。
3　移転とは，例えば，合併の場合なら，消滅会社の資産・負債を存続会社が受け入れることで，存続会社に移される（移転される）。
4　持分法については第2章および第8章参照。

以下の２では取得に該当する合併の会計処理を，３では共通支配下の取引に該当する合併の会計処理をみていきます。

POINT
吸収合併の例

　Ａ社を存続会社，Ｂ社を消滅会社とする吸収合併の場合，存続会社のＡ社は消滅会社のＢ社株主に対し，Ｂ社株式と引き換えに合併の対価として自社の新株を発行したり，現金を支払ったりします。

[図表９－２]　吸収合併の例

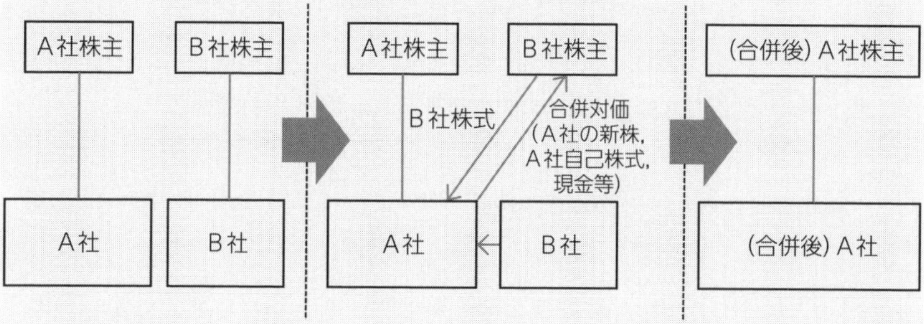

| Ａ社株主 | Ｂ社株主 | | Ａ社株主 | Ｂ社株主 | | （合併後）Ａ社株主 |

Ｂ社株式
合併対価
（Ａ社の新株，
Ａ社自己株式，
現金等）

| Ａ社 | Ｂ社 | | Ａ社 | ← Ｂ社 | | （合併後）Ａ社 |

POINT
共同支配企業の形成の例

　独立したＡ社とＢ社が各々のａ事業とｂ事業をＺ社に譲渡するとともに，Ｚ社を共同で支配する契約を締結し，Ａ社とＢ社の共同支配企業Ｚ社を形成する場合のイメージは，図表９－３のとおりです。

[図表９－３]　共同支配企業の形成の例

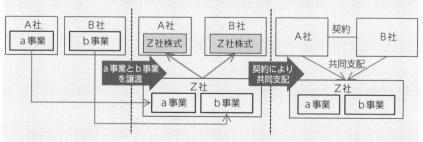

2．取得に該当する合併の財務諸表への影響

　資本関係のないグループ外の会社との合併は企業結合の「取得」に該当し，パーチェス法により会計処理を行います。合併の場合，消滅会社は文字どおり消滅するため，存続会社は合併の日に消滅会社の資産・負債を受け入れるとともに，受け入れた資産・負債を加えた貸借対照表を作成して，合併以降の財務諸表をスタートさせます。パーチェス法による合併の日の貸借対照表の作成は，単純化すると，取得原価の算定，識別可能な資産・負債の受入れ，のれんの認識の順に進めます。なお，取得に該当する合併により発生するのれんは，第7章・第8章での説明と異なり，個別財務諸表上に計上されます。

(1)　合併の日の貸借対照表の作成
　取得に該当する合併での合併の日の貸借対照表を作成するには，存続会社（取得企業[5]）が消滅会社（被取得企業）を獲得するために支払った金額である「取得原価」の算定が必要です。存続会社が合併の対価として新株を発行する場合，原則として，合併の日の新株の時価が取得原価になり，合併後の会社の資本金または資本剰余金の増加として処理します。

　次に，合併の存続会社は，消滅会社から識別可能な資産・負債を時価で受け入れます（これを「取得原価の配分」といいます）。識別可能な資産・負債には，消滅会社の合併前日の貸借対照表上の資産・負債が該当します。そのほか，消滅会社に法律上の権利など分離して譲渡可能な無形資産（顧客関係（カスタマーリレーション）や商標権，特許権等）があれば，合併前日の貸借対照表に計上されていなくても，合併時に存続会社の資産として時価で追加計上します。

　のれんの算定に必要な時価純資産額は，無形資産を認識する場合，「消滅会

5　存続会社と消滅会社のいずれかを取得企業として決定する必要があるものの，存続会社が取得企業になることが多いと考えられるため，存続会社＝取得企業とした。

社の貸借対照表に計上されている資産の時価合計と新たに認識した無形資産の時価」と「貸借対照表上の負債の時価合計」の差額になります。

のれんの金額
＝存続会社が交付した株式の時価（取得原価）
　－（消滅会社の貸借対照表上の資産の時価合計＋無形資産（時価）
　　－消滅会社の貸借対照表上の負債の時価合計）
＝存続会社が交付した株式の時価（取得原価）
　－消滅会社の時価純資産額

［図表9－4］　パーチェス法によるのれん

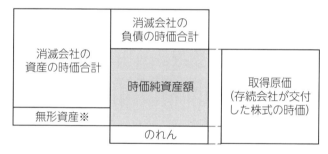

※消滅会社の貸借対照表に計上されていない無形資産

　のれんは，合併後の貸借対照表に無形固定資産として計上し，合併後20年以内に定額法等により規則的に毎期，償却（減額）し，費用計上します。のれんの全額がいずれ費用になるので，のれんの金額が大きいほど費用が増加します。また，償却期間が短いほど，合併後から償却期間が終わるまで1年間の費用が増加し，当期純利益が減少します。

　最後に，これらを存続会社の貸借対照表に合算することで，合併の日の貸借対照表ができ上がります。

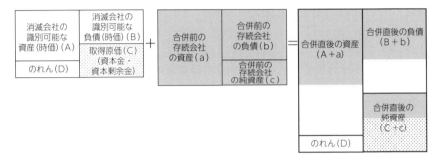

[図表9−5]　合併の日の貸借対照表

(2)　のれんの償却金額に影響する要因

①　合併の判断時の消滅会社の企業価値評価

　合併の場合，基本合意書や合併契約締結等を経て合併の日を迎えます。合併の対価として存続会社の株式を交付する場合，合併契約に「消滅会社の株主に，消滅会社の株式○株につき，存続会社の株式◇株の割合で割り当てる」といった記載がされますが，このことからもわかるとおり，合併の判断を行った時点で消滅会社の株主価値の評価を行い，当該評価に見合う合併の対価として，存続会社株式の交付株式数が決められています。

　のれんの金額は，先に述べたとおり，取得原価（＝合併の日の存続会社が交付した株式の時価）と消滅会社の時価純資産額の差額で決まります。前者の取得原価は，「（合併の判断時に決めた）存続会社株式の交付株式数×合併の日の存続会社株式の株価」であることから，交付株式数を決めた際の基礎になっている「合併の判断を行った時点の消滅会社の株主価値の評価」が，のれんの金額と当期純利益に影響します。

> 合併の判断時に消滅会社の株主価値を高く評価
> ➡　消滅会社株主に割り当てる存続会社株式数が増加
> ➡　存続会社が交付する株式の時価（取得原価）が増加

> ➡ 取得原価と消滅会社の時価純資産額との差額が増加
>
> ➡ 償却されることになるのれんの金額が増加
>
> ➡ 合併後の営業費用が増加
>
> ➡ 合併後の営業利益（および経常利益，当期純利益）が減少

② 合併の日の存続会社の株価

　合併において消滅会社の株主に存続会社の株式を交付する場合，①のとおり，合併の判断を行った時点で存続会社の株価に前提を置き，合併で交付する存続会社の株数が決められています。ただし，取得原価の算定には原則として合併の日の存続会社の株価を使うので，合併の日まで取得原価（＝存続会社株式の交付株式数×合併の日の存続会社株式の株価）は決まりません。特に，株価が日々変動する上場会社が存続会社となる場合，例えば，基本合意書や合併契約締結の公表後から合併が市場に好感されると，合併の日までに存続会社の株価が上昇し，のれんの金額が合併の判断時に想定していたより大幅に増加する可能性があります。

　この点を踏まえ，存続会社の株価上昇とのれんの金額，当期純利益の関係を整理すると，以下のとおりとなります。

> 合併の日までに，合併の判断時の想定より存続会社の株価が上昇
>
> ➡ 取得原価が増加（図表9−6の①）
>
> ➡ 取得原価と消滅会社の時価純資産額との差額が増加
>
> ➡ 償却されることになるのれんの金額が増加（同②）
>
> ➡ 合併後の営業費用が増加
>
> ➡ 合併後の営業利益（および経常利益，当期純利益）が減少

[図表9−6]　存続会社の株価上昇による影響

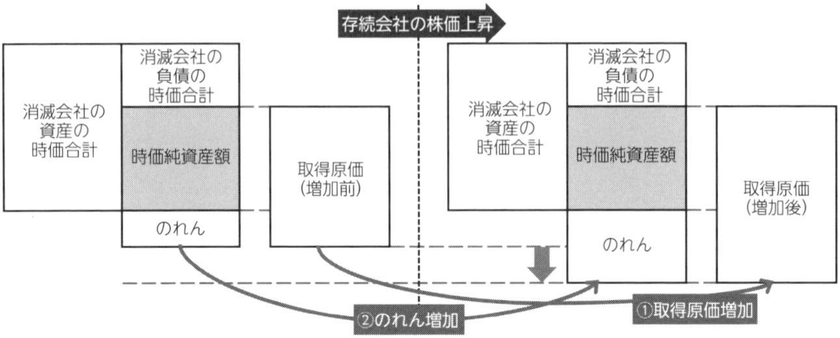

同様に，存続会社の株価下落とのれんの金額，当期純利益の関係は，以下のとおりです。

合併の日までに，合併の判断時の想定より存続会社の株価が下落

➡　取得原価が減少

➡　取得原価と消滅会社の時価純資産額との差額が減少

➡　償却されることになるのれんの金額が減少

➡　合併後の営業費用が減少

➡　合併後の営業利益（および経常利益，当期純利益）の減少が抑制

---

③　消滅会社の貸借対照表に計上されていない無形資産

　消滅会社に法律上の権利など分離して譲渡可能な無形資産があれば，合併前の貸借対照表に計上されていなくても，合併時に時価で存続会社の資産に追加計上します。無形資産の追加計上で消滅会社の資産の時価合計が変わり，時価純資産額も変わります。また，無形資産額が合併の判断時の想定より増加すれば，消滅会社の資産の時価合計と時価純資産額が増加し，のれんは減少します。

認識した無形資産額が合併の判断時の想定より増加（図表9－7の①）

➡ 「消滅会社の貸借対照表上の資産の時価合計＋無形資産（時価）」の金額が増加

➡ 時価純資産額が増加（同②）

➡ 「存続会社が交付した株式の時価」と「消滅会社の時価純資産額」の差額が減少

➡ 償却されることになるのれんの金額が減少（同③）

➡ 合併後の営業費用が減少

➡ 合併後の当期純利益の減少が抑制

[図表9－7]　無形資産の増加による影響

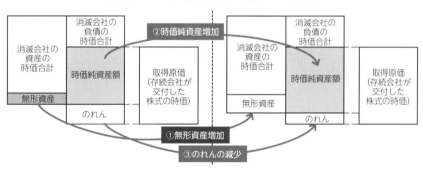

　なお，取得原価と消滅会社の貸借対照表に計上されている資産・負債の時価合計が不変であれば，無形資産がある時の「無形資産＋のれんの金額」と無形資産がない時ののれんの金額は同額です。これらの無形資産は償却が必要なため，最終的な償却額の合計も同額になります（第7章参照）。ただし，一般的にのれんと無形資産の償却期間は異なるので，合併後の毎年の当期純利益も変わります。

のれんより償却期間が短い無形資産を認識
➡ のれんのみの場合に比べ，無形資産の償却終了までの期間の償却金額
   が増加
➡ 合併後のその間の営業費用が増加
➡ 合併後のその間の営業利益（および経常利益，当期純利益）が減少
- -
のれんより償却期間が長い無形資産を認識
➡ のれんのみの場合に比べ，のれんの償却終了までの期間の償却金額が
   減少
➡ 合併後のその間の営業費用が減少
➡ 合併後のその間の営業利益（および経常利益，当期純利益）の減少が
   抑制

3．共通支配下の取引に該当する親会社と子会社の合併

　「共通支配下の取引」とは，組織再編の前後で支配している株主が変わらない企業結合のことで，親会社と子会社の合併は，共通支配下の取引に該当します。以下では，子会社との合併の日の親会社の個別財務諸表の作成方法を説明していきますが，取得の場合と大きく違うのは，①資産・負債の移転は，時価ではなく連結決算上の帳簿価額で行われること，②新たなのれんは発生しないこと，です。ただし，合併する子会社にグループ外の株主，すなわち非支配株主がいる場合は，「非支配株主との取引」の会計処理を考える必要があります。

(1) 親会社が子会社から受け入れる資産および負債の会計処理

　存続会社になる親会社と子会社との合併では，親会社の個別財務諸表に受け入れる子会社の資産・負債は，連結決算上の帳簿価額を使います。これは，組織再編の形式が異なっていても，組織再編後の経済的実態が同じであれば，連

結財務諸表上（合併の場合は個別財務諸表上）も，同じ結果が得られるように会計処理をすることになっているためです。そのため，子会社の個別財務諸表の資産・負債の帳簿価額とは差額が生じることになります。代表的なものに，連結財務諸表上でのみで計上されていたのれんの未償却残高があるほか，子会社化した際に連結決算上で行った資産・負債の時価評価による評価差額が含まれます。これらも親会社の合併後の個別財務諸表に反映することになります。

(2)　増加すべき資本の会計処理

　子会社から受け入れた資産と負債の差額（以下「子会社の純資産額」）[6]は，合併前日の持分比率により，親会社持分相当額と非支配株主持分相当額に按分します。

①　親会社持分相当額

　子会社の純資産額のうちの「親会社持分相当額」と「親会社が保有していた子会社株式の帳簿価額」（**図表9-8**のB）を，合併の会計処理で相殺します。この時，のれんの未償却残高は親会社持分に相当すると考え，親会社持分相当額に含めます（同A）。

　通常，親会社持分相当額と子会社株式の帳簿価額には差異があります。子会社化した時には，子会社の純資産額のうちの親会社持分相当額と親会社が保有していた子会社株式の帳簿価額は連結決算上，同額（第7章参照）ですが，その後に差額が生じるのは，主に（親会社の連結損益計算書上では損益認識している）「子会社の子会社化以降の損益のうちの親会社持分相当額」によります。この親会社持分相当額と子会社株式の差額は，親会社の個別財務諸表で，以下で説明する「抱合せ株式消滅差損益」（特別損益）として計上します。

6　正確には，子会社から受け入れた資産と負債の差額のうち株主資本の額。評価・換算差額等について，親会社は合併期日の前日の帳簿価額を引き継ぐ。

[図表9−8]　増加資本の会計処理（親会社持分相当額）

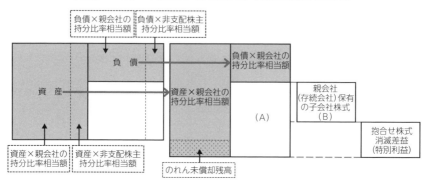

　例えば，下図のとおり，親会社が80%の株式を保有している子会社と合併する場合，子会社から受け入れる諸資産および諸負債の帳簿価額が各々1,900百万円，400百万円，のれんの未償却残高が600百万円だとすると，子会社の純資産額のうちの親会社持分相当額は1,900×80％＋600−400×80％＝1,800百万円です。親会社が保有していた子会社株式の帳簿価額が1,200百万円だとすると，差額の600百万円が抱合せ株式消滅差益になります。

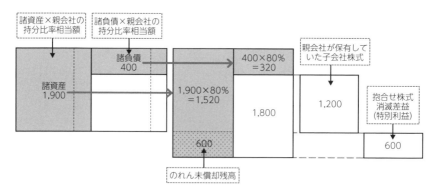

　先の説明のとおり，抱合せ株式消滅差損益（親会社持分相当額と子会社株式の差額）は主に，連結財務諸表上でのみ認識していた「合併される子会社の子会社化以降の損益」[7]です。抱合せ株式消滅差損益を計上することは，連結財務諸表上でのみ認識していた子会社の損益を，合併時に，親会社の個別財務諸

表でも損益計上することを意味しています。

　消滅会社の子会社化以降の利益計上額と親会社個別決算での特別利益の関係は，以下のとおりです。

子会社化以降の利益計上額が増加

➡　合併子会社の純資産額が増加

➡　合併子会社の純資産額（図表９−８のＡ）と親会社（存続会社）が保有している子会社株式の帳簿価額（同Ｂ）の差額が拡大

➡　合併時の親会社個別決算での特別利益・当期純利益が増加

　親会社が100％子会社と合併する場合には，親会社の個別財務諸表に，以上の会計処理を加えることで，合併後の親会社の個別貸借対照表ができ上がります。ただし，100％子会社以外の子会社と合併する場合，以下の非支配株主との取引を考える必要があります。

②　非支配株主持分相当額

　非支配株主のいる子会社と合併する場合で，親会社が非支配株主に新株を交付したとします。この時，親会社の資本の額は，新たに非支配株主に交付した親会社株式の時価だけ増加します（**図表９−９のＣ**）。この資本の増加額（Ｃ）

7　抱合せ株式消滅差損益は，合併される子会社の子会社化以降の，のれんの償却額控除後の損益で考える。

と「子会社の純資産額[8]のうちの非支配株主持分相当額」（同Ｄ）の差額は，その他資本剰余金になります（図表9−9ではその他資本剰余金のマイナス）。その結果，Ｄの金額が，合併により増加する資本の額となります。

[図表9−9]　増加資本の会計処理（非支配株主持分相当額）

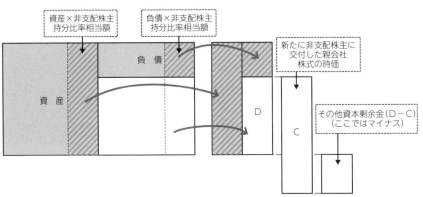

　ここで，①の例を使うと，Ｄの非支配株主持分相当額は，1,900×20％−400×20％＝300百万円です。新たに非支配株主に交付した親会社株式の時価＝資本の増加額（図表9−9のＣ）を500百万円とすると，差額の200百万円がその他資本剰余金（ここではマイナス）になります。

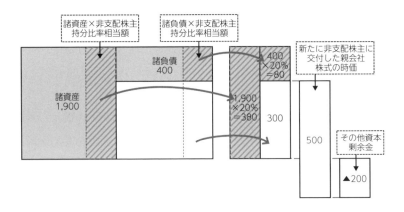

8　正確には，「子会社から受け入れた資産と負債との差額のうちの株主資本の額」。

親会社の個別財務諸表に，上記①の親会社持分相当額の処理と②の非支配株主持分相当額の処理を加えることで，合併後の親会社の個別貸借対照表ができ上がります。

【情報開示】企業結合（合併）に係る開示項目

　グループ外の会社との合併時には，有価証券報告書等に含まれる連結財務諸表の中で，「企業結合に係る注記」として詳細な情報開示が求められます。そのため，合併を検討する段階から，情報開示の内容とその内容に係る対外説明等を考えおく必要があります。

　以下では，企業結合に係る注記の中から，「企業結合（合併）の概要」と「取得原価の算定等に関する事項」について，2019年に行われた株式会社三井住友フィナンシャルグループの子会社である三井住友アセットマネジメント株式会社（以下「SMAM」）と同社の関連会社である大和住銀投信投資顧問株式会社（以下「大和住銀」）の合併に係る開示をみていきます。

(1)　企業結合（合併）の概要

　企業結合（合併）の概要として開示が求められる項目には，被取得企業（消滅会社）の名称および事業の内容，企業結合（合併）を行った主な理由等が含まれます。

　合併での被取得企業（消滅会社）の名称および事業の内容の記載

> （1）被取得企業の名称及び事業の内容
> 被取得企業の名称　大和住銀投信投資顧問株式会社
> 事業の内容　投資運用業務，投資助言・代理業務

企業結合（合併）を行った主な理由の記載

> 資産運用ビジネスはグローバルに成長拡大しており，お客さまから求められる運用力やサービスはますます高度化しております。本件合併は，このようなお客さまからのニーズに対応するために，両運用会社の持つ強み・ノウハウを結集した，フィデューシャリー・デューティーに基づく最高品質の運用パフォーマンスとサービスを提供する資産運用会社の実現を図るものであります。

(2) 取得原価の算定等に関する事項

　取得原価の算定等に関する事項として開示が求められる項目には，被取得企業または取得した事業の取得原価および対価の種類ごとの内訳があります。株式を交付した場合には，交換比率およびその算定方法ならびに交付株式数，主要な取得関連費用の内容および金額が含まれます。

合併での株式の種類別の合併比率の記載

> 普通株式　ＳＭＡＭ　1：大和住銀 4.2156

合併比率の算定方法の記載

> ＳＭＡＭはEYトランザクション・アドバイザリー・サービス株式会社を，大和住銀はPwCアドバイザリー合同会社を，合併比率の算定に関する第三者算定機関としてそれぞれ選定し，各第三者算定機関による算定結果を参考に，両社の財務の状況，資産の状況，将来の見通し等の要因を総合的に勘案し，合併比率について慎重に協議を重ねた結果，合併比率が妥当であると判断し，合意に至ったものであります。

その他，

- 合併の日に受け入れた資産および引き受けた負債の額・主な内訳
- のれん以外の無形資産に配分された金額およびその主要な種類別の内訳ならびに全体および主要な種類別の加重平均償却期間
- 発生したのれんの金額，発生原因，償却方法および償却期間

などの記載も必要です。

　また，比較損益情報として，企業結合が当期首に完了したと仮定したときの当期の連結損益計算書への影響の概算額および当該概算額の算定方法ならびに計算過程における重要な前提条件も必要です。この注記は，合併後の企業の業績推移の把握に役立つ情報を開示することが目的であると考えられます。

【財務会計を具体的に理解する】

(1)　資本関係のない会社との合併に係る会計処理

　以下では，P社が取引のないグループ外のH社を吸収合併するケースを使って，合併の日のP社の貸借対照表を作成します。

　ここでは，合併前日のP社とH社の貸借対照表は以下のとおりとします。

（単位：百万円）

P社貸借対照表

諸　資　産	1,700	諸　負　債	1,000
		資　本　金	400
		利益剰余金	300
	1700		1700

H社貸借対照表

諸　資　産	800	諸　負　債	300
		資　本　金	300
		利益剰余金	200
	800		800

　また，H社の諸資産と諸負債の簿価が800百万円と300百万円であるのに対し，時価は870百万円，320百万円だったとします。

	簿価	時価
諸資産	800	870
諸負債	300	320
純資産	500	550

　なお，P社は上場会社で，合併の日の株価は650千円，合併の日にH社株主にP社の新株1,000株を交付したとします。その際，新株の交付で増加する払込資本は，資本金と資本剰余金同額とします。

①　取得原価の算定

　取得原価は，合併の日の株価で算定します。ここでは，上場会社のP社は合併に伴い新株1,000株をH社の株主に交付しました。P社の合併の日の株価が650千円なので，650千円×1,000株＝650百万円が取得原価です。ここで，「資本金と資本剰余金同額」とした前提のとおり，資本金と資本剰余金が各々325百万円増加します。

②　取得原価の配分とのれんの認識

　次に，消滅会社[9]のH社の資産と負債の簿価を時価に置き換えます（取得原価の配分）。H社の貸借対照表に計上されていた諸資産および諸負債の時価は，各々870百万円，320百万円でした。なお，説明を単純化するため，ここではH社に顧客関係やブランド等の無形資産はなかったものとします。

　P社がH社から受け入れる諸資産の時価合計と諸負債の時価合計の差額（時価純資産額）は550百万円（＝870百万円－320百万円），取得原価は650百万円だったので，差額の100百万円がのれんです。

9　正確には，取得企業に支配を獲得された会社で，被取得企業という。

H社諸資産
時価870

H社諸負債
時価320

時価純資産
550

取得原価
650

のれん100

③　合併相手の資産・負債等の受入れ

　以上から，H社との合併日のP社の貸借対照表ができ上がります。

（単位：百万円）

	（合併直前の）H社貸借対照表 借方	（合併直前の）H社貸借対照表 貸方	P社貸借対照表 借方 a	P社貸借対照表 貸方 b	H社時価ベース貸借対照表 借方 c	H社時価ベース貸借対照表 貸方 d	合併の日のP社貸借対照表 借方 a＋c	合併の日のP社貸借対照表 貸方 b＋d
諸資産	800		1,700		870		2,570	
のれん					100		100	
諸負債		300		1,000		320		1,320
資本金		300		400		325		725
資本剰余金						325		325
利益剰余金		200		300				300
合　計	800	800	1,700	1,700	970	970	2,670	2,670

のれんの減損で想定していなかったのは何か？

　これまで説明しきたとおり，無形固定資産に分類されるのれんには，一般的には，子会社，関連会社になる会社や合併により消滅する会社の人材や企業文化等といった，超過収益力を生み出す源泉等が含まれていると考えられています。第4章で，「投資した固定資産が予想した収益をあげられず，投資額の回収が見込めなくなった時，回収が見込めない金額を損失として認識すること」が減損であると説明していますが，無形固定資産ののれんも，投資額の回収が見込めなくなった時には，減損を考える必要があります。

1．のれんの減損

　第4章で説明したとおり，固定資産の減損は，（1）資産のグルーピング，（2）減損の兆候の有無の判定，（3）減損損失の認識の判定，（4）減損損失の測定の4つの手順を踏みます。（4）減損損失の測定で使われる回収可能価額とは，資産（グループ）の「正味売却価額」と「使用価値」のいずれか高いほうの金額をいいます。

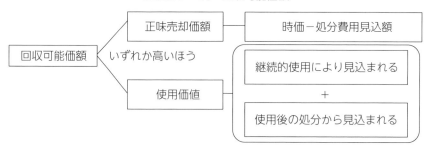

[図表10−1] 回収可能価額

回収可能価額 — いずれか高いほう
- 正味売却価額 — 時価−処分費用見込額
- 使用価値 — 継続的使用により見込まれる + 使用後の処分から見込まれる

(1)　のれんの事業単位への分割・割り振り

　のれんは，例えば，グループ外の会社を子会社にした際に，「子会社株式への投資額（子会社株式金額）」と「その会社の資産[1]・負債に基づく時価ベースの貸借対照表の純資産（以下「時価純資産」）」の差額として計算されます。この「差額で計算される」ものというだけでなく，冒頭に記載したとおり，人材や企業文化等の超過収益力を生み出す源泉等を含むのれんは，単独で将来キャッシュ・フローは生み出せません。そこで，のれんの減損処理を検討する際，その帳簿価額を合理的に分割し，のれんが生じることになった原因である企業や事業に帰属させます。

　取得した事業が複数の場合で，「それぞれの取得の対価がおおむね独立して決定」されており「取得後も，内部管理上，それぞれ独立した業績報告が行われている」なら，のれんの帳簿価額を分割して各事業に割り振ります。例えば，A事業とB事業の2つの事業を持つ非上場会社のS社を，P社が過半数の株式を購入し子会社にしたとします。S社株式の購入に際し，その株価をA事業とB事業の各々の事業価値の合計金額で算定したなら，「取得の対価が独立して決定」されているといえます。また，子会社化した後も，A事業とB事業が内部管理上，独立して業績報告が行われているなら，「取得後も，内部管理上，独立した業績報告が行われている」に当たります。

1　子会社の貸借対照表上の資産のほか，のれん以外の無形資産が含まれる。

(2)　減損損失の認識・測定を行う単位の決定

　事業ごとに割り振ったのれんの減損の判定には，2つの方法があります。

　1つ目は，のれんが帰属する事業に関連する複数の資産グループにのれんを加えた「より大きな単位でグルーピングを行う方法」です。例えば，子会社にした会社のA事業が3つの資産グループで構成されているとします。この場合，A事業に割り振ったのれんは3つの資産グループに加えてグルーピングし，A事業全体より大きなグループとして減損の判定を行います。

[図表10－2]　「より大きな単位でグルーピング」のイメージ

　2つ目は，のれんの帳簿価額をさらに分割し，「関連する資産グループにのれんを配分して，配分後の各資産グループで減損の認識の判定を行う方法」です。子会社にした会社のB事業に3つの資産グループがあったとします。この場合，B事業に割り振ったのれんを3つの資産グループにさらに分割し，減損の判定をします。この時，のれんを3つの資産グループに合理的な方法で配分できることが前提になります。

[図表10－3]　「のれんを分割して配分」のイメージ

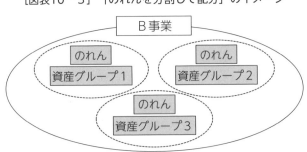

(3)　のれんを含めない資産グループごとの減損処理

　減損損失の認識・測定を行う単位の決定後，まずはのれんを含めずに，資産グループごとに減損の兆候の有無の判定，減損損失の認識の判定および減損損失の測定を行います。のれんを含める前の資産グループに減損の兆候があれば，第4章で述べた手順で減損損失を認識するかの判定を行います。減損損失を認識する必要がある資産グループは，帳簿価額を回収可能価額まで減額します。

(4)　のれんの減損処理

　「減損の兆候の有無の判定，減損損失の認識の判定，減損損失の測定」を，(2) で説明したように，のれんを含むより大きな単位で行うか，のれんを関連する資産グループに配分して行います。

(5)　のれんの配分範囲と減損処理額

　一般的に，のれんを配分する事業（グループ）の括りが大きいほど，のれんの減損損失は認識されにくくなります。逆に，事業（グループ）の括りが小さくなれば，減損損失が認識されやすくなります。

のれんを配分する事業（グループ）の括りが細分化
- ➡ 各事業（グループ）の将来キャッシュ・フローの不足を，他の余裕のある事業（グループ）の将来キャッシュ・フローで補えなくなる
- ➡ 細分化した事業（グループ）のいずれかから減損損失が生じる可能性が上昇
- ➡ 当期純利益が減少する可能性が上昇

　細分化した事業（グループ）の中からばらばらと減損損失が生じることで，少額の減損損失を何年かに分けて認識することになり，多額の減損損失を一度に認識しなくて済むとも考えられます。

のれんを配分する事業（グループ）の括りが細分化

➡ 細分化した事業（グループ）のいずれかから減損損失が生じる可能性が上昇（同上）

➡ 小さな単位での事業（グループ）で減損損失が発生（する可能性が上昇）

➡ 減損損失の認識が複数年に分かれ，1年当たりの減損損失額が減少

➡ 多額の減損損失を一度に計上するリスクが低下

➡ 一度に多額の当期純利益が減少する可能性が低下

2．子会社ののれんの減損損失額の算定

100％子会社の事業全体を1つののれんを含むより大きな単位とした場合，その子会社ののれんに減損損失を測定する際の金額は，次のように計算します。

> 減損損失額＝（対象子会社の連結上の資本＋未償却ののれん）
> −回収可能価額

親会社の持分比率が100％未満の子会社では，以下になります。

> 減損損失額＝（対象子会社の連結上の資本の親会社持分額
> ＋未償却ののれん）−回収可能価額

なお，「対象子会社の連結上の資本の親会社持分額」は，「対象子会社の連結上の資本×親会社の持分比率」です。

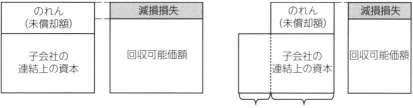

[図表10-4] 子会社ののれんの減損損失

（100％子会社の場合）　　　　（持分比率100％未満の子会社の場合）

非支配株主持分額　　親会社持分額

　回収可能価額は，第4章で説明したとおり，正味売却価額または使用価値を使います。対象の子会社が上場会社であれば，保有している子会社株式の時価（株価×持株数）から正味売却価額を算定する，といったことが考えられます。使用価値の計算においては，子会社の業務計画等を使い，事業価値，企業価値を改めて算定する必要があります。のれん計上時に第3章で説明したDCF法を使っていれば，同じようにDCF法を使います。

👉POINT

DCF法を使った事業価値の算出式

$$事業価値 = \frac{1年目のFCF}{1+WACC} + \frac{2年目のFCF}{(1+WACC)^2} + \frac{3年目のFCF}{(1+WACC)^3} + \cdots$$
$$+ \frac{t年目のFCF + 永続価値}{(1+WACC)^t}$$

（FCF：将来キャッシュ・フロー，WACC：資本コスト）

3．子会社ののれんの減損損失発生要因

(1)　子会社化検討の中での要因

　DCF法を使った事業価値の計算式からわかるとおり，子会社になる会社へ

の投資判断時に，その株価評価に使った将来キャッシュ・フローが結果的に大きすぎたり，資本コストが低すぎたり，あるいは両方が影響して減損損失が発生する要因になる可能性があります。子会社化前に見積った将来キャッシュ・フローが大きすぎたという場合，楽観的な前提に立っていたり，事業環境の大きな変化や，税務・法務関連のものを含めてキャッシュが流出するリスクを事前に把握できていなかった（織り込んでいなかった）こと等が考えられます。

子会社化の投資判断時の将来キャッシュ・フローの見積りが楽観的等
- ➡ 子会社になる会社の株価を高く評価
- ➡ 子会社に対する投資額（子会社株式金額）が増加（図表10−5の①）
- ➡ 子会社に対する投資額（子会社株式金額）と子会社の時価純資産の親会社持分額の差額が増加
- ➡ のれんの金額が増加（同②）
- ➡ 減損損失の発生リスクが上昇（同③）
- ➡ 当期純利益が減少する可能性が上昇

［図表10−5］　減損リスクの上昇

そのほか，子会社化検討の中で将来キャッシュ・フローの見積金額が高く

なってしまう例として，シナジーの反映があります。シナジーの例としては，クロスセルによる売上増加，共同購買による経費削減等が考えられますが，これらは子会社化後に初めて実現するものです。そのため，売り手に支払う価格を算定する将来キャッシュ・フローにシナジーを織り込むことが，必ずしも合理的とは言い難いのですが，価格交渉や競争入札の買収案件で勝ち残るために織り込むことがあると思われます。

(2) 株式交換契約締結後の株価の上昇

　グループ外の会社を子会社化する手法に，株式交換があります。株式交換では，子会社になる会社の株主に親会社になる会社の株式の交付等を行います。

[図表10-6]　株式交換

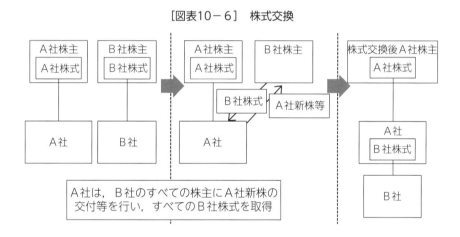

この場合，株式交換の当事会社が締結する株式交換契約に基づき，株式交換で交付する新株の株数は，合併の場合と同様，事前に決まっています。ただし，取得原価の算定には親会社になる会社の株式交換の日の株価を使うので[2]，株式交換の日まで取得原価は決まりません。そのため，株式交換の契約締結の判断

2　合併の場合の存続会社の株価ののれんの金額への影響は第9章参照。

時の想定より株式交換の日の親会社になる会社の株価が上昇した場合，のれん
も想定より増加し，減損損失の発生リスクが上昇する要因になると考えられま
す。

株式交換契約判断時の想定より，株式交換の日の親会社（になる会社）の
株価が上昇
➡ 交付した親会社株式の時価が上昇し，親会社の増加すべき株主資本
（資本金・資本剰余金）が増加（図表10－7の①）
➡ 子会社に対する投資額（子会社株式金額）が増加（同②）
➡ 子会社に対する投資額（子会社株式金額）と子会社になる会社の時価
純資産額との差額が増加
➡ のれんの金額が増加（同③）
➡ 減損損失の発生リスクが上昇
➡ 当期純利益が減少する可能性が上昇

[図表10－7]　株式交換の日の親会社株式の株価が上昇した場合

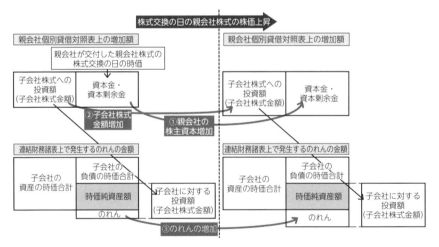

なお，株式交換の日の親会社になる会社の株価が上昇した場合，親会社の資本金・資本剰余金，すなわち自己資本[3]も増加します（①）。そのため，のれんの金額（したがって，のれんの償却金額）が増加（③）してはいますが，償却後の自己資本が減少することはありません。

(3)　子会社化以降の要因

　想定外の経済・業界等の事業環境悪化，経営戦略の失敗，買収後の経営統合の難航は，投資判断時の想定より子会社が生み出すキャッシュ・フローを減少させるため，減損損失の発生リスクが上昇する要因になると考えられます。

事業環境悪化等により子会社キャッシュ・フローが減少
- ➡　使用価値が低下
- ➡　回収可能価額が低下
- ➡　減損損失の発生リスクが上昇
- ➡　当期純利益が減少する可能性が上昇

　金利や市場リスクプレミアム（第3章参照）が想定より上昇することで資本コストが上昇した場合も，使用価値が減少します。

経済・事業環境の変化等により金利や市場リスクプレミアムが上昇し，資本コストも上昇
- ➡　使用価値が低下
- ➡　回収可能価額が低下
- ➡　減損損失の発生リスクが上昇
- ➡　当期純利益が減少する可能性が上昇

3　自己資本＝純資産合計－株式引受権－新株予約権－非支配株主持分

4．子会社株式の減損とのれんの追加償却

　子会社の事業全体を1つののれんを含むより大きな単位とした場合，正味売却価額は「保有している子会社株式の時価」，使用価値は「将来キャッシュ・フロー（以下「将来CF」）に基づく子会社の株主価値の親会社持分額」と言い換えることができます。このうち，正味売却価額に係る子会社株式の時価は，子会社が上場会社の場合は，相場環境等により一時的に大きく下落することが起こりえます。一方，将来CFに基づく子会社の事業価値は，子会社の事業が安定していれば，比較的安定していると考えられます。減損の考え方では，正味売却価額の子会社株式の時価が急に下落しても，使用価値である子会社の事業価値が安定していれば，のれんの減損処理が不要か，仮に減損損失を計上しても，極端に大きな損失を認識しなくてよいことがありうると考えられます。

[図表10−8]　安定的な使用価値と減損処理

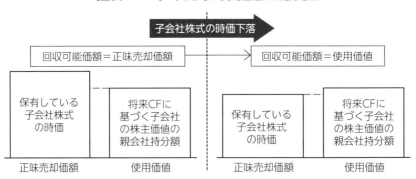

　しかしながら，ここまで説明してきた減損処理とは別に，子会社株式の株価の下落から，のれんに係る追加の費用認識が必要になることがあります。

　親会社が保有している子会社の株式は，親会社の個別貸借対照表上，子会社株式として表示されます。子会社株式は，金融商品に関する会計基準に従って，時価等が著しく下落した時，例えば取得時よりも50％程度以上下落した場合，

回復する見込みがなければ，評価損を減損損失として認識します（第5章参照）。この時，連結貸借対照表上ののれんについて，毎期の償却とは別に，追加の償却が必要になりなす。この追加の償却は，株式取得時に見込まれた超過収益力等の減少等を反映するためで，結果として，のれんの減損に非常に近いものです。

　連結貸借対照表上ののれんの追加の償却の要否は，（A）個別貸借対照表の減損処理後の子会社株式の簿価と，（B）連結決算上の子会社の資本のうちの親会社に帰属する額（親会社持分額）[4]および（C）のれんの残高で決まります。A＜（B＋C）であれば，のれんの追加の償却が必要です。

[図表10-9]　子会社のれんの追加償却の要否

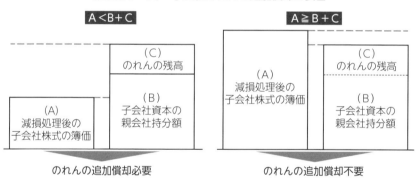

この場合，子会社株式の株価[5]の著しい下落と連結財務諸表上の当期純利益との関係は，以下になります。

> 業績の悪化・相場環境悪化等により，子会社株式の株価が著しく下落（通常，50%程度以上）

4　子会社の資本金額×親会社の持分比率。
5　市場価格のない子会社株式は実質価額。

> ➡ 個別財務諸表で子会社株式の減損損失を認識
> ➡ 連結財務諸表上ののれんを追加で償却
> ➡ 連結財務諸表上の当期純利益が減少

　のれんの追加の償却が必要な場合の金額は，「（A）減損処理後の子会社株式の簿価」と「（B）連結決算上の子会社の資本のうちの親会社に帰属する額（親会社持分額）」の関係で決まります。「（A）減損処理後の子会社株式の簿価」が「（B）連結決算上の子会社の資本のうちの親会社に帰属する額（親会社持分額）」より小さい（**図表10−10の左**），すなわちA≦Bなら，のれんの残高の全額の追加償却が必要です。A＞B（同右）なら，のれんの残高のうち，AとBの差額は追加償却は不要で，のれんとして残ります。詳細は，後述の**【財務会計を具体的に理解する】**を参照してください。

[図表10−10]　のれんの追加償却額

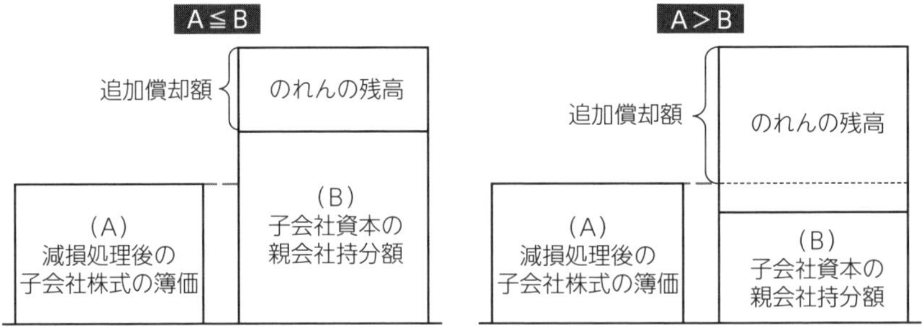

5．関連会社株式の減損とのれんの追加償却

　関連会社株式の簿価に含まれるのれんの金額は，4で説明した子会社に係るのれんと同様，個別貸借対照表に計上している関連会社株式の減損処理に注意が必要です。個別財務諸表上で関連会社株式の減損処理を行った場合，連結貸借対照表上の関連会社株式簿価に含まれるのれんについて，毎期の償却とは別

に追加の償却が必要です。

連結貸借対照表上の関連会社株式の簿価に含まれるのれんについて，追加の償却の要否は，「（D）個別貸借対照表上の減損処理後の関連会社株式の簿価」と，「（E）連結決算上の関連会社の資本の投資会社持分額」と「（F）のれん残高」で決まります。すなわち，D＜（E＋F）であれば，のれんの追加の償却が必要です。この場合は以下になります。

> 業績の悪化・相場環境悪化等により，関連会社株式の評価額が著しく下落（通常，50％程度以上）
> ➡ 個別財務諸表で関連会社株式の減損損失を認識
> ➡ 関連会社株式の簿価に含まれるのれんを追加で償却
> ➡ 連結財務諸表上の当期純利益が減少

[図表10-11] 関連会社のれんの追加償却の要否

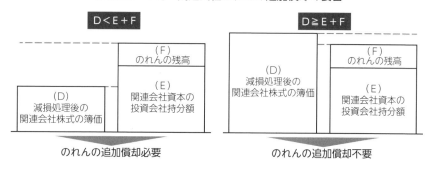

【情報開示】のれん等の減損損失に係る開示項目

重要な減損損失を認識した場合，有価証券報告書に含まれる連結財務諸表の注記として，以下の項目等を記載する必要があります。

- ●減損損失を認識した資産（グループ）の用途，種類，場所等の概要
- ●減損損失の認識に至った経緯

- 減損損失の金額について，特別損失に計上した金額と主な固定資産の種類ごとの減損損失の内訳
- 資産グループについて減損損失を認識した場合の資産グループの概要と資産をグルーピングした方法
- 回収可能価額が正味売却価額の場合の時価の算定方法。回収可能価額が使用価値の場合は割引率

加えて，有価証券報告書の他の箇所，例えば「経営者による財政状態，経営成績及びキャッシュ・フローの状況の分析」で，詳しい説明が行われる場合もあります。

のれんの減損損失に係る開示情報は，減損損失を認識するに至った原因とともに，のれんの減損損失による今後の減価償却費の減少等，将来への影響に係る情報提供もポイントとして挙げられます。

【財務会計を具体的に理解する】

(1)　のれんを含む資産グループの減損損失認識までの具体例

帳簿価額100百万円ののれんが帰属するＣ事業は，ｇとｈの２つの資産グループから成り，資産グループｇとｈの帳簿価額，割引前将来キャッシュ・フロー，回収可能価額は以下のとおりだとします。

(単位：百万円)

	資産グループ g	資産グループ h
帳簿価額	500	2,000
割引前将来キャッシュ・フロー	430	2,370
回収可能価額	410	2,250

①　のれんを関連する資産グループに配分した場合の減損処理

1 (3) のとおり，減損損失の認識・測定を行う単位の決定後，まずはのれ

んを含めずに，資産グループごとに，減損の兆候の有無の判定，減損損失の認識の判定および減損損失の測定を行います。

　資産グループ g は，「帳簿価額＞割引前将来キャッシュ・フロー」で減損損失を認識します。減損損失額は，帳簿価額500百万円－回収可能価額410百万円＝90百万円です。資産グループ h は，「帳簿価額＜割引前将来キャッシュ・フロー」で減損損失は認識しません。

　次にＣ事業に係るのれんの帳簿価額100百万円を合理的に，資産グループ g に30百万円，資産グループ h に70百万円を配分した時の帳簿価額，割引前将来キャッシュ・フロー，回収可能価額は以下のとおりだとします。

（単位：百万円）

	資産グループ g		資産グループ h	
		含むのれん		含むのれん
帳簿価額	500	530	2,000	2,070
割引前将来キャッシュ・フロー	430	430	2,370	2,370
回収可能価額	410	410	2,250	2,250

（ⅰ）　資産グループ g

　資産グループ g の帳簿価額500百万円＋のれんの帳簿価額30百万円＝530百万円に対し，資産グループ g の割引前将来キャッシュ・フローは430百万円で，帳簿価額530百万円を下回っています。そのため，減損損失を認識する必要があります。回収可能価額が410百万円なので，のれんを含む資産グループ g での減損損失の合計は，120百万円（＝530百万円－410百万円）です。のれんを考えずに進めた資産グループ g の減損損失が90百万円（＝500百万円－410百万円）だったので，のれんの減損損失金額は30百万円（＝120百万円－90百万円）です。

(ⅱ)　資産グループ h

　資産グループ h の帳簿価額2,000百万円＋のれんの帳簿価額70百万円＝2,070百万円に対し，資産グループ h の割引前将来キャッシュ・フローは2,370百万円で，帳簿価額を上回っています。そのため，減損損失を認識する必要はありません。

　この結果，C事業におけるのれんの減損損失金額は30百万円です。

②　のれんを含むより大きな単位での減損処理

　資産グループ g と資産グループ h は，各々の割引前将来キャッシュ・フローの合計および回収可能価額の合計が，以下のとおり，C事業全体の割引前将来キャッシュ・フローおよび回収可能価額に等しいとします。

（単位：百万円）

	資産グループ g	資産グループ h	合計（C事業全体）	含むのれん
帳簿価額	500	2,000	2,500	2,600
割引前将来キャッシュ・フロー	430	2,370	2,800	2,800
回収可能価額	410	2,250	2,660	2,660

　C事業に係るのれんの帳簿価額100百万円で，のれんを含むより大きな単位での帳簿価額の合計は，C事業全体の資産グループの帳簿価額2,500百万円＋のれんの帳簿価額100百万円＝2,600百万円です。それに対し，C事業全体の割引前将来キャッシュ・フローは2,800百万円で，帳簿価額2,600百万円を上回っています。そのため，のれんの減損損失を認識する必要ありません。

(2)　子会社株式の減損に起因するのれんの追加償却の具体例

　下表の例1では，取得原価が5,000百万円の子会社株式の時価が2,400百万円になり，親会社は個別財務諸表上で2,600百万円の減損損失を認識しました。

その結果，親会社の個別貸借対照表上の減損処理後の子会社株式の簿価は2,400百万円です。連結決算上の子会社の資本の親会社持分3,500百万円とのれん残高1,200百万円の合計4,700百万円より「減損処理後の子会社株式の簿価（2,400百万円）」が小さくなっています。そのため，のれんの追加の償却が必要です。この時，差額4,700百万円－2,400百万円＝2,300百万円が，のれんの残高1,200百万円より大きいので，のれんは全額（1,200百万円）追加で償却します。

（単位：百万円）

	例1	例2
①子会社株式取得原価（＝減損前簿価）	5,000	5,000
②子会社株式減損額	▲2,600	▲2,600
③子会社株式（減損後）（①－②）	2,400	2,400
④連結決算上の子会社の資本の親会社持分額	3,500	1,900
⑤のれんの残高（子会社株式減損前）	1,200	2,800
⑥＝④＋⑤	4,700	4,700
③－⑥	▲2,300	▲2,300
追加ののれんの償却額	▲1,200	▲2,300
追加ののれんの償却後ののれんの残高	―（無）	500

　例2でも，例1と同じく，「減損処理後の子会社株式の簿価（2,400百万円）」が，「連結決算上の子会社の資本のうちの親会社持分額とのれんの残高の合計（4,700百万円）」より小さくなっています。そのため，のれんの追加の償却が必要です。この時，「減損処理後の子会社株式の簿価（2,400百万円）」と「連結決算上の子会社の資本のうちの親会社持分額＋のれんの残高の合計（4,700百万円）」の差額は2,300百万円です。この差額2,300百万円よりのれんの残高（2,800百万円）が大きいので，2,300百万円ののれんの追加償却を行います。その後ののれんの残高は，ゼロではなく500百万円です。

例1

追加償却額
1,200

のれんの残高
1,200

減損処理後の
子会社株式
の簿価
2,400

子会社資本の
親会社持分額
3,500

例2

追加償却額
2,300（※）

のれんの残高
2,800

減損処理後の
子会社株式
の簿価
2,400

子会社資本の
親会社持分額
1,900

（※）2,800＋1,900－2,400

為替相場変動の影響は
財務諸表のどこに表れるか？

　ドルやユーロといった外国通貨（以下「外貨」）建ての取引は，財務諸表を作成する際，日本円に換算する必要があります。また，外貨建てで作成されている海外子会社の財務諸表は，連結財務諸表を作成する際，日本円への換算が必要です。

　これは，業績予想を用意する時も同じです。期初にその年度の外貨建てでの予想取引額，海外子会社での予想売上高等を用意したうえで，日本円に換算して連結決算での業績予想を用意します。

　その際に使うのが想定為替相場です。想定為替相場よりも実際の為替相場が円安になれば，外貨建取引や海外子会社の予想売上高等は，日本円建てでは増加し，円高になれば減少します。想定為替相場とその後の為替相場の実勢に大きな乖離が生じると，円安の場合は業績の上方修正，円高の場合は下方修正が行われることもあります。また，日本円に換算する際の実際の為替相場は1種類ではありません。例えば，それぞれが想定為替相場とどの程度乖離しているかにより影響も変わってきます。そのため，外貨建取引や海外子会社の財務諸表を日本円に換算する際に使う為替相場を知らなければ，為替相場の変動が（連結）財務諸表にどう影響するのかわからないということです。

　本章では，外貨建ての取引自体の換算等と海外子会社等の財務諸表項目の換算等に分けて説明します。

1．外貨建取引の換算

(1)　取引発生および決済に伴う損益の処理

　外貨建取引とは，取引価額が外国通貨（外貨）で表示されている取引です。

　外貨建取引は，取引発生時の為替相場で日本円に換算して記録します。

　外貨建金銭債権・債務を決済した際に取引発生時からの為替相場の変動から発生した換算差額は，為替差損益として営業外損益に計上します。

(2)　決算時の処理

　取引発生時の為替相場で記録されている外国通貨や外貨建金銭債権・債務等を期末に保有している場合には，その金額を原則として「決算時の為替相場」で計上します。その際，「取引発生時の為替相場と決算時の為替相場の違いから生じる換算差額」の処理方法は，原則として**図表11－1**のとおりとなります。

[図表11－1]　決算時の処理

	決算時の換算為替相場	換算差額の処理方法[1]
外国通貨	決算時の為替相場	為替差損益
外貨建金銭債権・債務	決算時の為替相場	為替差損益
外貨により受渡しされた前渡金・前受金	金銭が受渡しされた時の為替相場	－
デリバティブ取引	決算時の為替相場	デリバティブ取引に係る評価差額に含めて処理

　例えば，決算時の外国為替相場と外貨建金銭債権・債務の為替差損益の関係は，以下のとおりとなります。

1　決算時の為替差損益は一時的なもので，最終的な為替差損益が決定するのは取引終了（決済）時になる。

	外貨建金銭債権	外貨建金銭債務
円高	日本円に換算後の外貨建金銭債権額が減少（日本円での回収金額が減少） ➡ 為替差損 ➡ 当期純利益が減少	日本円に換算後の外貨建金銭債務額が減少（日本円での支払金額が減少） ➡ 為替差益 ➡ 当期純利益が増加
円安	日本円に換算後の外貨建金銭債権額が増加（日本円での回収金額が増加） ➡ 為替差益 ➡ 当期純利益が増加	日本円に換算後の外貨建金銭債務額が増加（日本円での支払金額が増加） ➡ 為替差損 ➡ 当期純利益が減少

　外貨建有価証券は，決算時に，第5章で説明している保有目的区分等に基づき異なる換算方法や処理を求められています。

[図表11－2]　外貨建有価証券の決算時の処理

		決算時の換算方法	換算差額等の処理方法
保有目的	売買目的有価証券	決算時の為替相場	評価損益として処理
	満期保有目的の外貨建債券（償却原価法[2]を適用）	期末換算は外貨建償却原価法に基づいて算定された価額×決算時の為替相場	為替差損益として処理
		当期償却額は外貨建当期償却額×期中平均相場	利息勘定の調整項目として処理
	子会社株式および関連会社株式	取得時の為替相場	－
	その他有価証券	外貨による時価×決算時の為替相場（ただし，市場価格のない外貨建株式等は，外貨による取得原価×決算時の為替相場）	評価差額として処理（為替差損益は生じない）

2　満期保有目的の債券を額面金額と異なる価額で取得し，差額が金利の調整に当たる場合，差額を取得日から満期日までの間，帳簿価額に加減し帳簿価額を調整する。第5章参照。

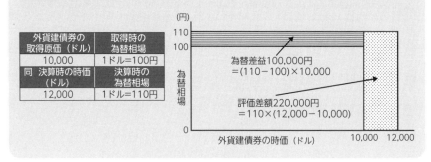

POINT

外貨建債券の時価変動

　その他有価証券に区分された外貨建債券は，外貨による時価を決算時の為替相場で換算した金額のうち，外貨による時価の変動に係る換算差額を評価差額とし，それ以外の差額は為替差損益として処理することができます。例えば，外貨建債券の取得原価，時価，為替相場が下の左表のとおりだった場合の評価差額と為替差益は右図のとおりです。

外貨建債券の 取得原価（ドル）	取得時の 為替相場
10,000	1ドル＝100円
同 決算時の時価 （ドル）	決算時の 為替相場
12,000	1ドル＝110円

為替差益100,000円
＝(110－100)×10,000

評価差額220,000円
＝110×(12,000－10,000)

2．海外子会社の財務諸表項目の換算

　連結財務諸表は，個別財務諸表を作成した後，親会社とすべての子会社の個別財務諸表を合算して作成します（第2章参照）。海外子会社の外貨建ての個別財務諸表は，合算前に日本円に換算しておきます。この時に使う為替相場は1つではないので，注意が必要です。

(1)　損益計算書項目の換算

　海外子会社の外貨建ての損益計算書に計上される売上等の収益と費用，当期純利益は，原則として期中平均為替相場（Average Rate, 以下「AR」）で日本円に換算します。ただし，決算時の為替相場（Current Rate, 以下「CR」）で換算することも認められています。

[図表11-3] 損益計算書項目の換算

収益および費用	親会社との取引以外	期中平均為替相場（AR）または決算時の為替相場（CR）
	親会社との取引	親会社が換算に用いる為替相場（親会社が換算に用いる為替相場を使って親会社との取引を換算したことから生じた差額は，為替差損益として処理する）
当期純利益（または損失）		期中平均為替相場（AR）または決算時の為替相場（CR）

決算期末に近づき，為替相場が会社の想定より円安または円高になると，「円安で業績上方修正」または「円高で業績下方修正」という記事等が出ることがあります。こういった時には，海外子会社の現地通貨建てでの当期純利益が従来の予想どおりでも，想定より円安または円高になったために，日本円に換算した後の当期純利益が増加または減少している場合が含まれます。

> 会社が想定していた為替相場より円高
> ➡ 日本円に換算後の海外子会社の当期純利益が減少
> ➡ 日本の親会社の連結ベースの当期純利益が減少
> -
> 会社が想定していた為替相場より円安
> ➡ 日本円に換算後の海外子会社の当期純利益が増加
> ➡ 日本の親会社の連結ベースの当期純利益が増加

(2) 資産・負債（貸借対照表）項目の換算

　海外子会社の外貨建資産・負債項目は，決算時の為替相場（CR）で日本円に換算します。

(3) 純資産（貸借対照表）項目の換算等

海外子会社の純資産の部の項目を決算時に日本円に換算する場合は，親会社が子会社の株式を取得し子会社化[3]した時の純資産と子会社化[3]後に増減した純資産に分けて考えます。

① 子会社化した時の純資産

海外の会社が子会社になった日の海外子会社の純資産は，常にその子会社になった時点の為替相場（Historical Rate, 以下「HR」）で日本円に換算します。なお，親会社が保有している外貨建ての子会社株式も，子会社化時の為替相場を使って日本円に換算します。

② 子会社化後に増減した純資産

海外の会社が子会社になって以降に計上した当期純利益（または損失）の累計額等が，子会社化後に増減した純資産です。子会社化後に増減した純資産の項目ごとに適用する為替相場は異なるので，注意が必要です。具体的には**図表11－4**のとおりです。

[図表11－4]　子会社化後に増減した純資産の換算

利益剰余金等の株主資本項目	発生時（発生年度）の為替相場
海外子会社が支払った配当金	配当決議日の為替相場
評価・換算差額等[4]	決算時の為替相場（CR）

上表のとおり，利益剰余金の増減や増資による資本金の増加等の株主資本項目の増減は，その発生時（発生年度）の為替相場を使って日本円に換算するため，年度ごとに日本円で固定されます。そのため，株主資本項目は，発生年度

3　財務会計上，正確には「子会社化」ではなく「支配獲得」という（以下同様）。

4　有価証券等，資産または負債に係る時価評価に伴う含み損益を損益として処理しない場合に，純資産の部に計上するための区分。

以降の為替相場の変動は影響しません。

③　為替換算調整勘定

　以上をまとめると，海外子会社の貸借対照表は，連結決算上，以下の為替相場で外貨から日本円に換算します。資産合計と負債と純資産の合計が外貨建てでは同額なのに，日本円への換算で異なる為替相場を使うため，換算差額（ズレ）が生じます。

資産および負債	決算時の為替相場（CR）
純資産[5]	親会社が子会社化した時の為替相場（HR）または子会社化後の発生（増減）時の為替相場等

　換算によって生じた換算差額は，「為替換算調整勘定」として純資産の部に追加して貸借対照表をバランスさせます。**図表11-5**のとおり，為替換算調整勘定は，「日本円に換算後の資産」から「日本円に換算後の負債と純資産の合計」を減算したものといえます。

[図表11-5]　為替換算調整勘定

海外子会社貸借対照表（日本円に換算後）

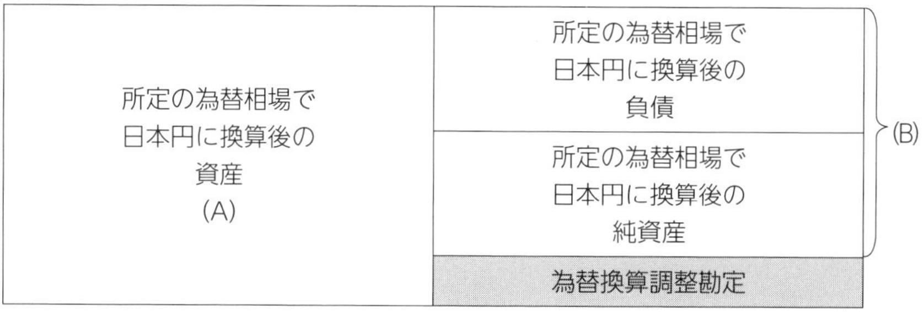

5　本書では特段の支障がない場合に，説明の便宜上，「資本」と「純資産」を厳密に区別せず使用することがある。

為替換算調整勘定は，換算によって貸借対照表に生じた換算差額をバランスさせるためのものですが，マイナスの場合は海外子会社への投資の一種の含み損，プラスの場合は含み益があることを意味しています。過年度との比較における為替相場の変動に伴う為替換算調整勘定の基本的な動きは，以下のとおりです。

決算時の為替相場が「純資産を日本円に換算する為替相場[6]」より円高

➡ 「日本円に換算後の資産（A）」＜「日本円に換算後の負債と純資産の合計（B）」

➡ 為替換算調整勘定（A－B）がマイナス

決算時の為替相場が「純資産を日本円に換算する為替相場」より円安

➡ 「日本円に換算後の資産（A）」＞「日本円に換算後の負債と純資産の合計（B）」

➡ 為替換算調整勘定（A－B）がプラス

例えば，決算時の為替相場が1ドル＝80円，純資産を換算する為替相場が1ドル＝100円の場合，「日本円に換算した後の資産」が「日本円に換算した後の負債と純資産の合計」より小さくなり，為替換算調整勘定はマイナスになります。

6　単純化のため，「純資産を日本円に換算する為替相場」としているが，子会社化以降の為替相場だけでなく，純資産項目ごとかつ発生年度ごとの発生金額等を考慮する必要がある。

[図表11-6]　為替換算調整勘定がマイナスになる場合

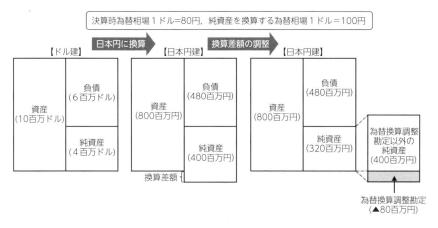

決算時の為替相場が円高になるほど（例えば，1ドル＝80円から70円），為替換算調整勘定はマイナスが増加します。

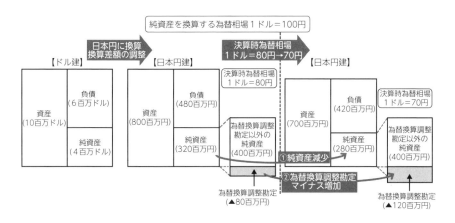

逆に，決算時の為替相場が 1 ドル＝120円，純資産を換算する為替相場が 1 ドル＝100円の場合，「日本円に換算した後の資産」が「日本円に換算した後の負債と純資産の合計」より大きくなり，為替換算調整勘定はプラスになります。

[図表11－7]　為替換算調整勘定がプラスになる場合

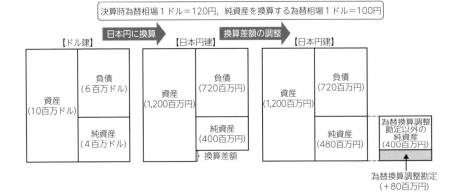

決算時の為替相場が円安になった場合（例えば，1 ドル＝120円から130円），為替換算調整勘定はプラスが増加します。

なお，連結決算において為替換算調整勘定は，親会社の持分比率相当額と非支配株主が保有する持分比率相当額に分けて考えます。親会社の持分比率相当額は，連結貸借対照表の純資産の部に為替換算調整勘定として計上されます。非支配株主が保有する持分比率相当額は非支配株主持分に振り替えられ，連結貸借対照表の非支配株主持分に含めて計上されます。例えば，親会社の持分比率が60％の場合，為替換算調整勘定の40％は非支配株主持分に振り替えられます。したがって，為替換算調整勘定のうちの非支配株主が保有する持分比率相当額は，自己資本には含まれないことになります[7]。

親会社が保有する海外子会社株式の一部を売却した場合，その割合に応じて連結貸借対照表に計上されている為替換算調整勘定を取り崩します。為替換算

7　自己資本＝純資産合計－株式引受権－新株予約権－非支配株主持分。

[図表11−8] 為替換算調整勘定と自己資本

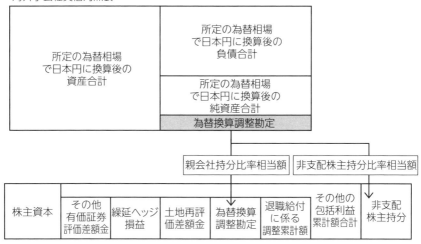

海外子会社貸借対照表

調整勘定は損益認識された結果生じるものではなく，海外子会社への投資の一種の含み損益です。一部売却によりその会社が子会社でなくなった場合，取り崩した為替換算調整勘定は，含み損益が実現したと考え，株式売却損益の一部として連結損益計算書に計上します。一方，株式の一部売却後も子会社であり続ける場合，為替換算調整勘定のうち親会社の持分比率の減少割合部分は取り崩して非支配株主持分に振り替えます。

3．海外子会社に係るのれんおよび負ののれんに係る換算

(1)　海外子会社ののれんおよび負ののれんの発生と償却

のれんは，「親会社の子会社に対する投資額（子会社株式金額）」が「その会社の時価ベースの純資産の金額（以下「時価純資産額」）」を上回る場合の，その差額です（第7章参照）。のれんは連結財務諸表上，無形固定資産に計上し，定額法等により規則的に費用処理（償却）します。海外子会社に係るのれんは

外貨建てで把握し，期末残高は，他の資産と同様に決算時の為替相場（CR）で日本円に換算します。また，償却額は，他の費用と同様に期中平均為替相場（AR）（または決算時の為替相場（CR））で日本円に換算します。

円高

➡ 日本円に換算した後ののれん償却額（営業費用）が減少

➡ 営業利益（および経常利益，当期純利益）が増加

- -

円安

➡ 日本円に換算した後ののれん償却額（営業費用）が増加

➡ 営業利益（および経常利益，当期純利益）が減少

例えば，海外の会社を子会社にした際に発生したのれん1,000千ドルを10年間で償却する場合を考えます。毎年度の償却額は100千ドルの定額ながら，日本円では，期中平均為替相場（AR）（または決算時の為替相場（CR））により増加または減少します。

[図表11-9]　外貨建てのれんの例

		発生時 (X0年度末)	X1年度 (末)	X2年度 (末)	X3年度 (末)	X4年度 (末)	‥‥‥
のれん 1,000千ドル (10年間 で償却)	償却金額（千ドル）	－	100	100	100	100	‥‥‥
	期中平均(または決算時) 為替相場(円/ドル)	－	120.00	80.00	100.00	115.00	‥‥‥
	償却金額（千円）	－	12,000	8,000	10,000	11,500	‥‥‥
	のれん残高（千ドル）	1,000	900	800	700	600	‥‥‥

のれんの残高は決算時の為替相場で，償却額は期中平均為替相場（AR）（または決算時の為替相場（CR））で日本円に換算されることから，のれんの期末

残高とのれんの当期償却額の両方から，為替換算調整勘定が発生します。上記の例で，子会社化した時に為替相場が1ドル＝100円，子会社化した翌年度の期中平均為替相場（AR）が110円，決算時の為替相場（CR）が120円とすると，のれんに関する為替換算調整勘定19,000千円を計上します。

	千ドル	為替相場	千円
子会社化時ののれんの残高　　a	1,000	1ドル＝100円	100,000
のれんの当期償却額　　　　　b	100	1ドル＝110円	11,000
差　　額　(a−b)　　　　　c	900	−	89,000
期末ののれんの残高　　　　　d	900	1ドル＝120円	108,000
為替換算調整勘定 (d−c)	−	−	19,000

　なお，グループ外の会社を子会社にした際，「親会社の子会社に対する投資額（子会社株式金額）」が「その会社の時価純資産額」を下回る場合，その差額は負ののれんになります。負ののれんは，子会社化時に連結損益計算書上で「負ののれん発生益」を計上します。のれんと同様に，外貨で把握したうえで，日本円への換算は負ののれんの発生時，すなわち子会社化時の為替相場（HR）を使います。

(2)　海外子会社の外貨建のれんの減損額

　第10章で説明したのれんの減損処理では，将来キャッシュ・フローの見積りが必要です。今後，海外子会社が獲得するキャッシュ・フローが外貨建てであれば，将来キャッシュ・フローも外貨建てで見積ります。

　外貨建てで把握するのれんの通貨と見積った将来キャッシュ・フローの通貨が同じであれば，為替相場の変動は減損損失の認識の判定に影響しません。ただし，減損損失の金額は外貨建てで把握しているので，減損の測定時の為替相場を使って日本円で計上します。そのため，為替相場の変動により，日本円での減損損失の金額は変わってきます。

円高
→ 日本円に換算した後ののれん減損損失額（特別損失）が減少

→ 当期純利益の減少が抑えられる（営業利益，経常利益に影響なし）

円安
→ 日本円に換算した後ののれん減損損失額（特別損失）が増加

→ 当期純利益が減少（営業利益，経常利益に影響なし）

4．持分法を適用した海外関連会社の為替換算

　海外の関連会社の株式の取得原価や関連会社が用意している財務諸表は，通常，外貨建てです。そのため，連結決算で海外の関連会社に持分法を適用する場合，関連会社株式，関連会社の当期純利益（損失）等の外貨から日本円への換算が必要になります。

(1)　外貨建関連会社株式の日本円への換算

　外部の会社の株式に投資をし，その会社を関連会社にした時，投資をした会社は貸借対照表に関連会社株式を購入した価格で計上します。対象が海外の会社であれば，通常，取得原価は外貨建てで，決算時は取得時の為替相場（HR）を使って日本円に換算します。決算時の為替相場（CR）を使わないのは，関連会社への投資は資金運用目的ではなく事業目的であることから，決算時の為替相場の変動に伴う損益を認識しないためです。

(2)　海外関連会社の当期純利益（損失）の日本円への換算

　関連会社の当期純利益（損失）は，期中平均為替相場（AR）（または決算時の為替相場（CR））で日本円に換算します。なお，連結決算で投資をした会社が取り込む「持分法による投資利益（損失）」の日本円での金額は円高になれ

ば減少し，円安になれば増加します。

円高

➡ 日本円に換算した後の関連会社の当期純利益が減少

➡ 持分法による投資利益（営業外収益）が減少

➡ 連結決算での経常利益，当期純利益が減少（営業利益に影響なし）

- -

円安

➡ 日本円に換算した後の関連会社の当期純利益が増加

➡ 持分法による投資利益（営業外収益）が増加

➡ 連結決算での経常利益，当期純利益が増加（営業利益に影響なし）

　関連会社の売上高等は，投資をした会社の連結決算の売上高等には反映され
ません。そのため，為替相場の変動により日本円に換算した関連会社の売上高等
が増減しても，投資をした会社の連結損益計算書の売上高等には影響しません。

（3）　海外関連会社ののれんの償却額の日本円への換算

　投資をした会社の連結決算上，海外の関連会社ののれんの金額は，その関連
会社の財務諸表が表示されている外貨建てで計算します。のれんは20年以内の
年数で定額法等により規則的に償却しますが，外貨建てでの規則的な償却とな
ります。そのため，当期の償却額は，その関連会社の他の費用と同様に，期中
平均為替相場（AR）（または決算時の為替相場（CR））で日本円に換算します。
　為替相場とのれんの償却金額，投資をした会社の当期純利益の関係は，以下
のとおりです。

円高

➡ 日本円に換算した後ののれん償却額が減少

➡ 持分法による投資利益が増加

→ 連結決算での経常利益，当期純利益が増加（営業利益に影響なし）

円安

→ 日本円に換算した後ののれん償却額が増加

→ 持分法による投資利益が減少

→ 連結決算での経常利益，当期純利益が減少（営業利益に影響なし）

(4) 海外関連会社純資産の増減金額の換算と為替換算調整勘定

　投資をした会社の連結決算上，関連会社の財務諸表は子会社の財務諸表と違い，投資をした会社の財務諸表とは合算しません。それでも，海外の関連会社について為替換算調整勘定を計算するため，純資産の日本円への換算が必要です。

　その際，海外の会社を関連会社にした日（投資を行った日）の純資産は，その時の為替相場（HR）を使って日本円に換算し続けます。それ以降の当期純利益（損失）の日本円への換算は，発生した期の期中平均為替相場（AR）または決算時の為替相場（CR）を使います。

[図表11－10] 海外関連会社に係る為替換算調整勘定

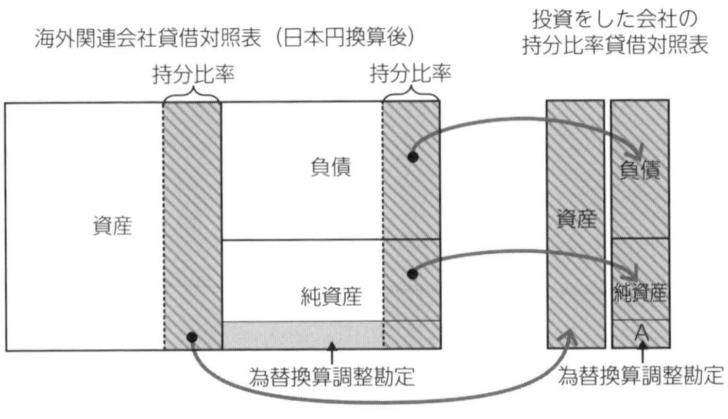

この結果，「資産合計」と「負債と純資産の合計」に，日本円では差額が生じます。この差額が「為替換算調整勘定」です。関連会社の為替換算調整勘定の投資をした会社の持分比率相当額（**図表11−10のA**）を投資した会社の連結貸借対照表の純資産の部の為替換算調整勘定に含めて計上し，関連会社株式の金額も増減させます。

5．海外子会社株式とヘッジ取引

(1)　海外子会社株式に対するヘッジ取引の意義
2での説明のとおり，連結財務諸表を作成する際，海外子会社の貸借対照表は，以下の為替相場を使って日本円に換算します。換算によって生じた換算差額は，為替換算調整勘定として純資産の部に追加することで，貸借対照表をバランスさせます。

[図表11−11]　貸借対照表項目の換算

資産および負債		決算時の為替相場（CR）
純資産	子会社化時の純資産項目	子会社化時の為替相場（HR）
	子会社化以降に生じた（増減した）純資産項目	当該項目の発生時の為替相場
貸借対照表の換算差額		為替換算調整勘定（その他の包括利益累計額）

　マイナスの為替換算調整勘定は，親会社が保有する海外子会社株式の為替相場による含み損，プラスの為替換算調整勘定は含み益を意味しています。含み益，含み損が発生していることからもわかるとおり，投資した海外子会社株式は為替変動リスクを負っています。そのため，海外子会社株式に対し，為替変動リスクをヘッジするヘッジ取引を行うことが考えられます。この場合，ヘッジ取引には，海外子会社株式の含み損益と為替相場に対し逆の動きをする「為替相場が円高になれば含み益，円安になれば含み損が出る取引」を行います。

(2)　海外子会社株式をヘッジ対象にするヘッジ取引のヘッジ手段

　ヘッジ会計におけるヘッジ手段は，基本的にデリバティブ取引で，ヘッジ対象が投資した海外子会社株式の場合のヘッジ手段も同様です。具体的には，外貨を将来の一定の時期に一定の価格で受け渡す契約である為替予約取引の円買い・外貨売りが考えられます。この場合，外貨建ての海外子会社株式の売却時に外貨を受け取り，為替予約取引でその外貨を売って円貨に交換します。

　例えば，２百万ドルを１ドルを120円で売却する為替予約取引を締結していれば，海外子会社株式の売却（**図表11－12**の例では２百万ドルで売却）時の為替相場が１ドル＝115円の円高になっていても，受け取った外貨を１ドル＝120円で売却することができます。つまり，為替予約取引の円買い・外貨売りは「為替相場が円高になれば含み益，円安になれば含み損が出る取引」で，「為替相場が円高になれば含み損，円安になれば含み益が出る」海外子会社株式と逆の動きをしています。

[図表11－12]　子会社株式の売却と為替予約

（単位：百万円）

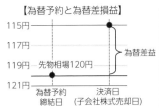

【為替予約と為替差損益】

売却時為替相場 (円/ドル)	115	116	117	118	119	120	121	122
子会社株式売却額	230	232	234	236	238	240	242	244
為替予約による 為替差損益	+10.0	+8.0	+6.0	+4.0	+2.0	0	▲2.0	▲4.0
子会社株式売却額 ＋為替予約差損益	240	240	240	240	240	240	240	240

　なお，ヘッジ対象が投資した海外子会社株式の場合，例外的に外貨建ての借入金といった外貨建ての金銭債務をヘッジ手段にできます。例えば，１ドル＝120円の時に２百万ドル＝240百万円の借入を行い，海外の会社を子会社にするために株式を２百万ドルで購入したとします。その後，この海外子会社株式を購入時と同じ２百万ドルで売却した時，１ドル＝115円の円高になれば，受け取った２百万ドルは230百万円に目減りしていますが，返済すべき借入金も２百万ドル＝230百万円に減っています。つまり，この借入金は，「為替相場が

円高になれば含み益，円安になれば含み損が出る」取引で，「為替相場が円高になれば含み損，円安になれば含み益が出る」海外子会社株式と，為替相場について逆の動きをしています。

[図表11−13]　外貨建借入金によるヘッジの例

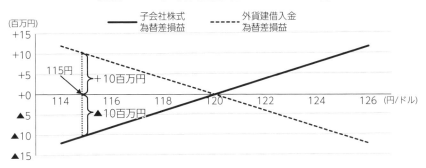

(3)　海外子会社株式に対するヘッジ取引の連結財務諸表上の会計処理

　ヘッジ対象である海外子会社株式に対する為替相場の変動の影響は，連結財務諸表上，為替換算調整勘定に反映させます。また，ヘッジ手段から生じた損益，評価差額または換算差額は，ヘッジ会計により，連結財務諸表上はすべて為替換算調整勘定に含めることができます。そうすることで，ヘッジ対象である海外子会社株式から生じた為替換算調整勘定とヘッジ手段による為替換算調整勘定が相殺され，ヘッジ取引の効果が連結財務諸表上に反映されます。

　なお，ヘッジ手段から発生する換算差額がヘッジ対象の海外子会社株式から生じた換算差額を上回った場合，超過額を当期の損益として処理します。例えば，ヘッジ対象の海外子会社株式から生じた換算差額が▲100百万円，ヘッジ手段から発生した換算差額が＋125百万円だとすると，**図表11−14**のとおり，差額の25百万円は為替差益になります。

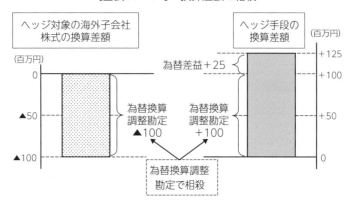

[図表11−14]　換算差額の相殺

ヘッジ対象の海外子会社
株式の換算差額

ヘッジ手段の
換算差額

為替差益＋25

為替換算
調整勘定
▲100

為替換算
調整勘定
＋100

為替換算調整
勘定で相殺

【財務会計を具体的に理解する】

(1)　為替換算調整勘定の発生の仕組み

　20X0年3月末に100％子会社化した米国S社の20X0年3月末と20X1年3月末の資産，負債，資本は下図のとおりで，20X1年3月期の当期純利益は200千ドルとします。また，20X0年3月末と20X1年3月末の為替相場を，各々1ドル＝110円，90円とし，20X1年3月期の平均為替相場を100円とすると，20X1年3月末の日本円に換算した資本は130百万円（＝20X0年3月末の資本1百万ドル×110円＋20X1年3月期の当期純利益200千ドル×100円）[8]となります。

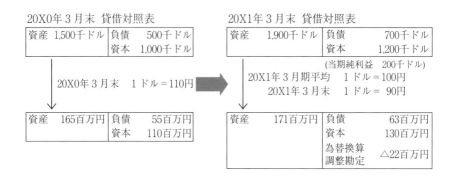

20X0年3月末　貸借対照表

| 資産 | 1,500千ドル | 負債 | 500千ドル |
| | | 資本 | 1,000千ドル |

20X0年3月末　1ドル＝110円

| 資産 | 165百万円 | 負債 | 55百万円 |
| | | 資本 | 110百万円 |

20X1年3月末　貸借対照表

| 資産 | 1,900千ドル | 負債 | 700千ドル |
| | | 資本 | 1,200千ドル |

(当期純利益　200千ドル)
20X1年3月期平均　1ドル＝100円
20X1年3月末　1ドル＝90円

資産	171百万円	負債	63百万円
		資本	130百万円
		為替換算調整勘定	△22百万円

この結果，為替換算調整勘定△22百万円（＝171百万円−（63百万円＋130百万円））が生じています。

(2) 為替換算調整勘定の非支配株主持分への振替の具体例
① 子会社化時の連結修正消去仕訳

　P社は前年度末の20X0年3月末日に米国U社の発行済株式の80％を2,160千ドルで取得し，U社を子会社化しました。その時のU社の資産，負債は以下のとおりでした。また，資産・負債ともに簿価と時価同額でした。なお，子会社化時（20X0年3月末日）の為替相場は1ドル＝108円だったとします。

U社貸借対諸表（ドル建）
（千ドル）

資産	7,000	負債	4,300
		資本金	1,000
		利益剰余金	1,700
合計	7,000	合計	7,000

U社貸借対諸表（日本円建）
（千円）

資産	756,000	負債	464,400
		資本金	108,000
		利益剰余金	183,600
合計	756,000	合計	756,000

※　資産756,000千円＝7,000千ドル×108円（子会社化時の為替相場）
　　負債464,400千円＝4,300千ドル×108円（同）
　　資本金108,000千円＝1,000千ドル×108円（同）
　　利益剰余金183,600千円＝1,700千ドル×108円（同）

　P社がU社株式の80％を取得して子会社化した時の連結貸借対照表作成に際し，以下に係る連結修正消去仕訳を行います。

資 本 金	108,000	U 社 株 式	233,280
			＝2,160千ドル×108円
利 益 剰 余 金	183,600	非支配株主持分	58,320
			＝（108,000＋183,600）
			×20％

8　為替換算調整勘定金額を含まない。

② 当期純利益と為替換算調整勘定の振替

　子会社化後1年目の20X1年3月期のU社当期純利益1,200千ドルでした。また，当期末のU社の資産，負債は，以下のとおり各々8,000千ドル，4,100千ドル，純資産の部は3,900千ドルで，純資産の部の内訳は資本金1,000千ドル，利益剰余金2,900千ドル（うち当年度増加額1,200千ドル）（以下の左図）でした。為替相場は20X1年3月期平均1ドル＝110円，期末1ドル＝111円だったとすると，換算後（日本円建）のU社の貸借対照表は以下の右表のとおりです。

U社貸借対諸表（ドル建）
（千ドル）

資産	8,000	負債	4,100
		資本金	1,000
		利益剰余金	2,900
		（子会社化時）	1,700
		（当期純利益）	1,200
合計	8,000	合計	8,000

U社貸借対諸表（日本円建）
（千円）

資産	888,000	負債	455,100
		資本金	108,000
		利益剰余金	315,600
		（子会社化時）	183,600
		（当期純利益）	132,000
		為替換算調整勘定	9,300
合計	888,000	合計	888,000

　利益剰余金の2,900千ドルのうち，子会社化時の1,700千ドルはその時の為替相場（1ドル＝108円）で，20X1年3月期の当期純利益1,200千ドルは20X1年3月期平均為替相場（1ドル＝110円）で日本円に換算します。したがって，日本円への換算後の利益剰余金は1,700千ドル×108円＝183,600千円と1,200千ドル×110円＝132,000千円の合計で315,600千円です。この結果，海外子会社U社における為替換算調整勘定は9,300千円です。

　P社は，20X1年3月期の連結財務諸表を作成する際，為替換算調整勘定（9,300千円）のうちの非支配株主が保有する持分比率（20％）を非支配株主持分に振り替えるため，以下の連結修正消去仕訳を行います。

| 為替換算調整勘定 | 183,600 | 非支配株主持分 | 1,860 |
| | ＝9,300千円×20％ | | |

利益と税金費用のアンバランスには
調整が必要？

．．．．．．．．．．．．．．．．．．．．．．．．．．．．．．．．．．．．．．．

　財務会計は，収益と費用を合理的に対応させることを考えます。例えば，製
造機械等の固定資産の購入代金は，支払った時ではなく，収益を生み出す期間
にわたって減価償却により費用を対応させています。税効果会計も，会計と税
務の取扱いが異なる取引に係る法人税等の金額を繰り延べることで，税金費用
を財務会計上の税引前当期純利益に合理的に対応させるものです。

．．．．．．．．．．．．．．．．．．．．．．．．．．．．．．．．．．．．．．．

1．課税所得と税引前当期純利益

　会社の利益に課される法人税，住民税，事業税等の金額を計算する際の基礎
になるのが課税所得です。課税所得は，益金から損金を引いて求めます。財務
会計上（以下「会計上」）の収益は税務上の益金に，会計上の費用は税務上の
損金になるのが基本です。ただし，大企業の飲食等に係る交際費のように，会
計上は費用となるものの，税務上は損金にならないなど，会計と税務の取扱い
が異なる取引があります。そのため，課税所得は，実務上，税引前当期純利益
（以下「会計上の利益」[1]）からスタートし，この差異を調整して計算します。

1　一般的には，会計上の利益という場合，当期純利益（＝税引前当期純利益−法人税等合計）を指
　す場合が多いと考えられる。

「会計上の収益＜税務上の益金」として扱われる取引なら，会計上の利益に差額を加える調整（以下「加算調整」）をして課税所得を計算します。逆に，「会計上の収益＞税務上の益金」になる取引があれば，会計上の利益に差額を減らす調整（以下「減算調整」）をして課税所得を計算します。例えば，一定の条件に当てはまる株式の配当金は会計上の収益ですが，税務上は益金になりません。この場合は，会計上の利益を減算調整して課税所得を計算するので，会計上の利益より課税所得が小さくなります。

交際費の場合，会計上は費用ですが税務上は損金になりません。したがって，「会計上の費用＞税務上の損金」で，会計上の利益に加算調整して課税所得を計算します。この時，会計上の利益よりも課税所得が大きくなります。なお，会計上は費用として処理するものの，税務上は損金と認められず加算調整する場合を「有税処理」ということがあります。

2．税効果会計の役割と対象となる差異

(1) 税効果会計の役割

会計と税務の扱いが異なる取引があるため，通常，会計上の利益と課税所得には差異があります。その場合，会計上の利益に後述する法定実効税率を乗じても，法人税等の金額を表す損益計算書の「法人税，住民税及び事業税」の金額になりません。言い換えると，会計上の利益と損益計算書上の「法人税，住民税及び事業税」の金額は，通常，合理的に対応しないといえます。

例えば，会計上の利益が100百万円で法定実効税率が30％の時に，損益計算書上の「法人税，住民税及び事業税」の金額（当年度の課税所得に基づき計算された要税金支払い額。以下「税金支払額」）が30百万円であれば，合理的に対応していると考えられます。税金支払額が10百万円や50百万円であれば，会計上の利益に税金支払額が合理的に対応しているとはいえません。

税効果会計の役割は，損益計算書の「法人税等調整額」を使って，会計上の利益（税引前当期純利益または純損失）と「法人税，住民税及び事業税」と

「法人税等調整額」の合計＝税金費用（法人税等合計）が税負担割合の観点から合理的に対応するように調整を行うことにあります。

[図表12−1] 損益計算書の一部

税引前当期純利益（又は税引前当期純損失）	×××
法人税，住民税及び事業税	×××
法人税等調整額	×××
法人税等合計	×××
当期純利益（又は当期純損失）	×××

(2) 税効果会計の対象になる会計と税務の差異

　損益計算書上の「法人税，住民税及び事業税」の金額の会計上の利益に対する割合が法定実効税率から乖離する原因は，会計上の収益・費用と税務上の益金・損金の取扱いの差異にあり，この差異には，「将来解消する差異（一時的に発生した差異）」と「将来にわたり解消しない差異」があります。

　「将来にわたり解消しない差異」は「永久差異」といいます。例えば，一定の条件に当てはまる株式の配当金のように「会計上は収益として認識するものの，税務上は永久に益金として認識しない取引」や，大企業の飲食等の交際費のように「会計上は費用として認識するものの，税務上は永久に費用として認識できない取引」です。永久に差異が埋まらない取引は，永久に「合理的に対応する関係」になりようがない取引のため，税効果会計の対象になりません。

　税効果会計の対象は，将来解消する差異，すなわち「会計上の収益・費用と税務上の益金・損益の差異が一時的に発生し，将来のどこかの時期に解消する差異[2]」です。これを「一時差異」といいます。例えば，会計上と税務上とも最

2　一時差異の本来の定義は「貸借対照表に計上されている資産及び負債の金額と課税所得計算上の資産及び負債の金額との差額」だが，ここでは理解が容易と思われるこの定義を使う。

終的な減価償却の合計金額が同額の資産では、ある年度に会計上の減価償却が税務上で償却が認められる金額を超えていても、その超えている金額（償却超過額）は一時的な差異です。

　一時差異には、「個別財務諸表で生じる一時差異」と連結決算の中で生じる「連結財務諸表固有の一時差異」があります。本書では「個別財務諸表で生じる一時差異」を説明します。

[図表12−2]　会計と税務の差異

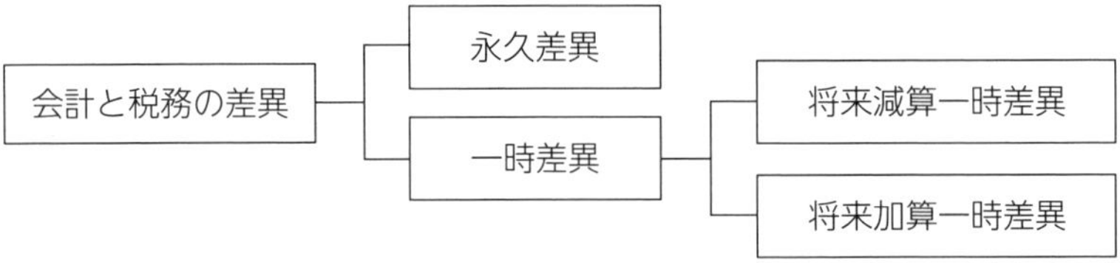

　「個別財務諸表上の一時差異」には、「将来減算一時差異」と「将来加算一時差異」の2種類があります。詳細は4と5で説明します。

　なお、一時差異ではありませんが、税務上の「繰越欠損金」も税効果会計の対象です。繰越欠損金は課税所得の過去の赤字で、将来の黒字の減額が認められる税法上の制度です。繰越欠損金は、税効果に係る会計基準では「一時差異に準ずるもの」と呼び、一時差異と合わせて「一時差異等」といいます。

3．法定実効税率

(1)　法定実効税率を構成する税と税額

　「会社の利益に課される税」は国税の法人税、地方法人税、特別法人事業税、地方税[3]の法人住民税（法人税割）、法人事業税（所得割）の5つです。この「会社の利益に課される5つの税」の法律で定められている税率から計算され

3　都道府県や市区町村の地方公共団体が課す税金。

る税額の「会社の利益」に対する負担割合を，法定実効税率といいます。

　なお，法人住民税（以下「住民税」）には，法人税の金額により課される法人税割のほかに，資本金等の額に応じて課される均等割があります。法人事業税（以下「事業税」）[4]は，所得割，付加価値割，資本割の３つに区分されますが，所得割のみ会社の利益に課される税金です。それぞれの税額は以下のように計算します。

[図表12-3]　会社の利益に課される税

法人税額	＝課税所得×法人税率
地方法人税額	＝法人税額×地方法人税率
	＝課税所得×法人税率×地方法人税率
住民税（法人税割）額	＝法人税額×住民税率
	＝課税所得×法人税率×住民税率
事業税（所得割）額	＝課税所得×事業税率
特別法人事業税額	＝事業税（所得割）額×特別法人事業税率
	＝課税所得×事業税率×特別法人事業税率

事業税率（標）：標準的な事業税率
事業税率（超）：地方公共団体が条例で定める標準税率を超える事業税率があれば，当該事業税率を使う。

(2)　法定実効税率の計算方法

　(1)で説明した５つの税額を合計した会社の税負担金額は，以下のように表すことができます。

> 　会社の税負担金額
> 　＝課税所得×（法人税率×（１＋地方法人税率＋住民税率）
> 　　＋事業税率（超）＋事業税率（標）×特別法人事業税率）

4　資本金の額が１億円を超える会社の場合を説明する。

ここで，下線部分の「法人税率×（1＋地方法人税率＋住民税率）＋事業税率（超）＋事業税率（標）×特別法人事業税率」をAとすると，上の式は，会社の税負担金額＝課税所得×Aなので，A＝会社の税負担金額÷課税所得です。ただし，事業税（所得割）と特別法人事業税は，実際に支払った年度の課税所得の計算上は費用（損金）として扱われ，会社の課税所得を減少させることから，法定実効税率はAではなく，A÷（1＋事業税率（超）＋事業税率（標）×特別法人事業税率），すなわち以下になります。

$$\frac{\text{法人税率×（1＋地方法人税率＋法人住民税率）＋事業税率（超）＋事業税率（標）×特別法人事業税率}}{\text{1＋事業税率（超）＋事業税率（標）×特別法人事業税率}}$$

　2021年3月期に適用された法定実効税率は，法人税率23.2%，地方法人税率10.3%，住民税（法人税割）率10.4%，事業税（所得割）率1.0%，同超過税率（東京都の場合）1.18%，特別法人事業税率260%により，以下のとおり30.62%になります。

| 23.2% | 10.3% | 10.4% | 1.18% | 1.0% | 260% |

法人税率×（1＋地方法人税率＋法人住民税率）＋事業税率（超）＋事業税率（標）×特別法人事業税率
1＋事業税率（超）＋事業税率（標）×特別法人事業税率

| | 1.18% | 1.0% | 260% |

＝30.62%

☞POINT

法定実効税率と事業税

　上で述べたとおり，法定実効税率が会社の税負担金額÷課税所得にならないのは，事業税（所得割）と特別法人事業税が実際に支払った年度の課税所得の計算上は費用（損金）として扱われ，会社の課税所得を減少させるためです。例えば，20X1年に設立された会社の20X1年〜20X4年度の税引前当期純利益（下表のa行）と，事業税と特別法人事業税の損金算入前の課税所得がともに10,000千円の場合を考えてみましょう。課税所得（同b行）は年度決算の中で計算し，

各年度の損益計算書の「法人税，住民税及び事業税」（同c行）が決まります。ここで計算された税額は，翌年度に支払います。このうち，事業税（所得割）額と特別法人事業税額は支払った年度に損金算入され，会社の課税所得を減少させます。

		20X1年度	20X2年度	20X3年度	20X4年度
税引前当期純利益（a） ＝事業税・特別法人事業税 　損金算入前の課税所得		10,000	10,000	10,000	10,000
事業税・特別法人事業税損金算入			△378	△364	△364
課税所得（b）		10,000	9,622	9,636	9,636
法人税	23.20%	2,320	2,232	2,236	2,236
地方法人税 （法人税率×地方法人税率）	2.39%	239	230	230	230
法人住民税 （法人税率×住民税率）	2.41%	241	232	233	232
事業税（超過税率）	1.18%	118.0	113.5	113.7	113.7
特別法人事業税 （事業税率×特別法人事業税率）	2.60%	260.0	250.2	250.5	250.5
事業税(超過税率)＋特別法人事業税		378	364	364	364
税負担金額合計（c） （「法人税、住民税及び事業税」）		3,178	3,058	3,063	3,062
c÷b（%）		31.78	31.78	31.78	31.78
c÷a（%）		31.78	30.58	30.63	30.62

20X4年度の税負担金額合計（c行）は，3,062千円で，税引前当期純利益10,000千円に対する税負担金額の割合は，上記で説明してきた法定実効税率の30.62%になっています。

4．将来減算一時差異等の会計処理

(1)　将来減算一時差異等とは

　将来減算一時差異等は，「将来，会計上と税務上の一時的な差異等が解消する時に，会計上の利益（税引前当期純利益または純損失）を減算調整して（減らして）課税所得を計算する」一時差異です。したがって，差異等の解消時は「会計上の利益＞課税所得」です。一時差異の発生時は，逆に，会計上の利益

を加算調整して（増やして）課税所得を計算するので，「会計上の利益＜課税所得」です。

　例えば，以前に100百万円で購入した投資有価証券について，20X1年度に会計上でのみ減損損失（55百万円）を認識し，20X3年度にその投資有価証券を110百万円で売却したとします。この時の会計上の利益と課税所得の関係は，**図表12－4**のとおりです。

[図表12－4]　将来減算一時差異の例

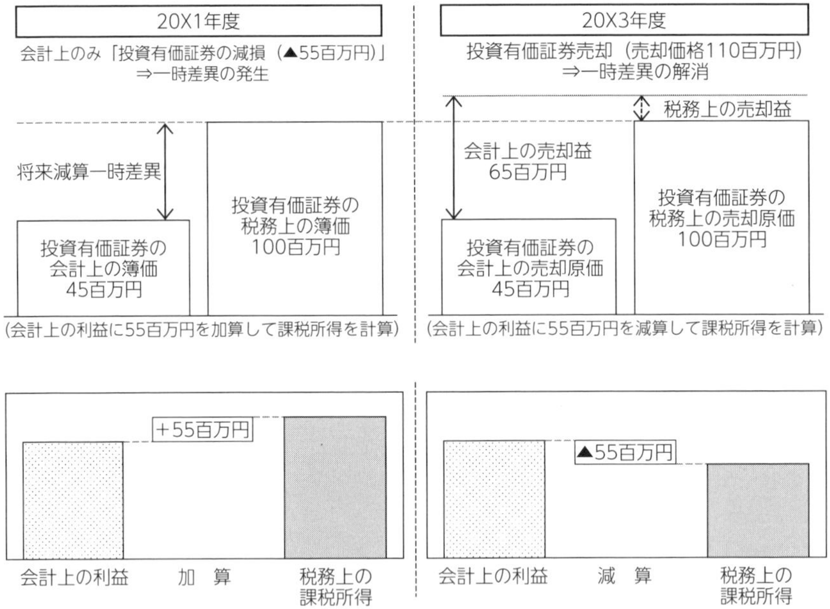

20X1年度	20X3年度

会計上のみ「投資有価証券の減損（▲55百万円）」
⇒一時差異の発生

投資有価証券売却（売却価格110百万円）
⇒一時差異の解消

将来減算一時差異

税務上の売却益

会計上の売却益
65百万円

投資有価証券の税務上の簿価
100百万円

投資有価証券の税務上の売却原価
100百万円

投資有価証券の会計上の簿価
45百万円

投資有価証券の会計上の売却原価
45百万円

（会計上の利益に55百万円を加算して課税所得を計算）

（会計上の利益に55百万円を減算して課税所得を計算）

＋55百万円

▲55百万円

会計上の利益　　加　算　　税務上の課税所得

会計上の利益　　減　算　　税務上の課税所得

(2)　将来減算一時差異等の会計処理と利益への影響

①　将来減算一時差異等の発生時

　将来減算一時差異等の発生時は，「会計上の利益＜課税所得」であるため，会計上の利益に基づいて計算される税金費用より実際の税金支払額が多くなります。差額は，一時差異等に法定実効税率を乗じた金額で，「会社の利益に課

される法人税等の一種の前払い」あるいは「将来の法人税等を安くできる（減額できる）権利」＝資産と考え，繰延税金資産として資産計上します。併せて，会計上の利益に対して，「支払いすぎ」の法人税等に対し，損益計算書上の「法人税等調整額」により税金費用（法人税等合計）を減少させます。

[図表12－5]　税引前当期純利益以降の損益計算書

損益計算書の一部

税引前当期純利益	←会計上の金額
法人税，住民税及び事業税	←税法に基づく金額
法人税等調整額	←税法から会計への調整金額
法人税等合計	←会計上の金額
当期純利益	←会計上の金額

　具体例として，当年度の会計上の利益（税引前当期純利益）が120百万円（下図の①），法定実効税率30％，当年度の会計上の減価償却費が150百万円，税務上で償却が認められる金額が90百万円の場合を考えてみましょう。差額の60百万円（＝150百万円－90百万円）を加算調整して課税所得は180百万円（＝120百万円＋60百万円）（同②）になります。「会計上の利益から計算される税金費用（120百万円×30％＝36百万円）」に対し，課税所得から計算される法人税等（180百万円×30％＝54百万円（同③））は，会計上の利益に比べて支払いすぎと考え，法人税等調整額により税金費用（法人税等合計）が18百万円（＝（180百万円－120百万円）×30％）（同④）少なくなるよう調整します。

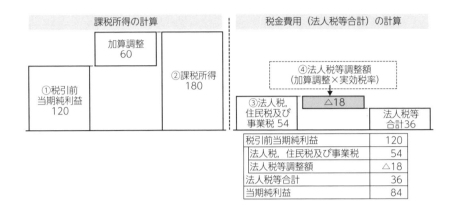

税引前当期純利益	120
法人税, 住民税及び事業税	54
法人税等調整額	△18
法人税等合計	36
当期純利益	84

　将来減算一時差異の発生時（繰延税金資産の計上時）と当期純利益の関係を
整理すると，以下のようになります。

> 将来減算一時差異の発生年度の会計上の利益＜課税所得
>
> ➡ 「課税所得から計算される法人税等」が「会計上の利益に基づいて計
> 　 算される税金費用」より大きい
> ➡ 法人税等調整額により税金費用（法人税等合計）が少なくなるよう調
> 　 整
> ➡ 当期純利益が増加（営業利益，経常利益に影響なし）

　ただし，繰延税金資産を計上し，法人税等調整額により税金費用（法人税等
合計）を減らすには，将来，「法人税等を安くできる（減額できる）権利」を
行使するために，「法人税等の支払が生じるほどの課税所得」をあげられるこ
とが前提になります。詳細は後述 6 を参照してください。

② 　将来減算一時差異等の解消時
　将来減算一時差異等は，会計と税務の差異が解消する時に会計上の利益を減
らし（減算調整し）課税所得を計算するため，「会計上の利益＞課税所得」と

なります。課税所得に基づく法人税等は，会計上の利益に基づいて計算される税金費用より少なくなっているので，「法人税等を安くできる（減額できる）権利が行使」されており，繰延税金資産を取り崩すとともに，法人税等調整額を使って税金費用（法人税等合計）を増加させます。

　例えば，将来減算一時差異解消年度の会計上の利益180百万円（下図の①），減算調整額60百万円，課税所得120百万円（②），法定実効税率30％の場合，「法人税，住民税及び事業税」は36百万円（同③），法人税等調整額は18百万円（同④）なります。

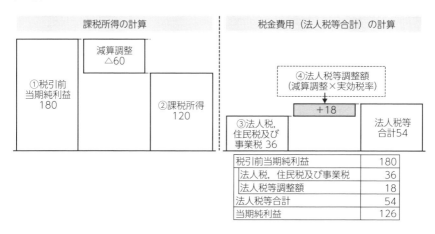

税引前当期純利益	180
法人税，住民税及び事業税	36
法人税等調整額	18
法人税等合計	54
当期純利益	126

　将来減算一時差異の解消（繰延税金資産の取崩し）時と当期純利益の関係を整理すると，以下のとおりになります。

将来減算一時差異の解消年度の会計上の利益＞課税所得
➡ 「課税所得から計算される法人税等」が「会計上の利益に基づいて計算される税金費用」より小さい
➡ 法人税等調整額により税金費用（法人税等合計）が多くなるよう調整
➡ 当期純利益が減少（営業利益，経常利益に影響なし）

5．将来加算一時差異等の会計処理

(1)　将来加算一時差異とは

　将来加算一時差異[5]は，「将来，会計上と税務上の一時的な差異が解消する時に，会計上の利益（税引前当期純利益または純損失）を加算調整して（増やして）課税所得を計算する」一時差異です。したがって，差異の解消時は「会計上の利益＜課税所得」となります。一時差異の発生時は，逆に，会計上の利益を減算調整して（減らして）課税所得を計算するので，「会計上の利益＞課税所得」となります。

(2)　将来加算一時差異等の会計処理と利益への影響
①　将来加算一時差異等の発生時

　将来加算一時差異の発生時は，「会計上の利益＞課税所得」のため，会計上の利益に基づいて計算される税金費用より実際の税金支払額が少なくなります。差額は一時差異に法定実効税率を乗じた金額で，「将来の法人税等が高くなる要因」あるいは「法人税等の未払い」＝負債と考え，繰延税金負債として計上し，「法人税等調整額」により税金費用（法人税等合計）を増加させます[6]。

将来加算一時差異の発生年度の会計上の利益＞課税所得
- ➡　「課税所得から計算される法人税等」が，「会計上の利益に基づいて計算される税金費用」より小さい
- ➡　法人税等調整額により税金費用（法人税等合計）が多くなるよう調整

5　将来加算一時差異の例として，圧縮記帳が挙げられる。圧縮記帳とは，有形固定資産の取得時に補助金等の収益が発生した場合，税務上，取得価額を「圧縮」（減額）し「圧縮損」を計上し，収益金額と圧縮損を相殺することで税負担を軽減する税法上の制度。
6　第5章で説明した「その他有価証券評価差額金」「繰延ヘッジ損益」等の場合は，将来減算一時差異，将来加算一時差異ともに，法人税等調整額でなく，純資産の部内の科目を使う。

➡ 当期純利益が減少（営業利益，経常利益には影響なし）

② 将来加算一時差異等の解消時

　将来加算一時差異は，会計と税務の差異の解消時に会計上の利益を増やして（加算して）して課税所得を計算するため，「会計上の利益＜課税所得」となります。この時，繰延税金負債を取り崩すとともに，法人税等調整額により税金費用（法人税等合計）が減少し，当期純利益が増加します。

将来加算一時差異の解消年度の会計上の利益＜課税所得
- ➡ 「課税所得から計算される法人税等」が「会計上の利益に基づいて計算される税金費用」より大きい
- ➡ 法人税等調整額により税金費用（法人税等合計）が少なくなるよう調整
- ➡ 当期純利益増加（営業利益，経常利益には影響なし）

6. 繰延税金資産の資産性・回収可能性

　繰延税金資産は，「会社の利益に課される法人税等の一種の前払い」あるいは「将来の法人税等を安くできる（減額できる）権利」＝資産と考えると説明しました。ただし，この権利を行使しようとした時に，減額すべき法人税等の支払が生じる水準の課税所得がなければ，減額効果が発揮できません。そのため，将来減算一時差異に係る繰延税金資産を資産計上するには，将来の差異解消時に，減額すべき法人税等に見合う課税所得が見込めることが必要です。

　この「見込める場合」を，税効果会計では，繰延税金資産に「資産性」あるいは「回収可能性」がある，といいます。将来減算一時差異が発生しても，繰延税金資産に回収可能性が認められなければ計上できません。繰延税金資産を

計上できないということは，税金費用の減額もできず，回収可能性がある場合に比べて当期純利益が少なくなることを意味します。

(1) 繰延税金資産の回収可能性の判断

将来減算一時差異および税務上の繰越欠損金に係る繰延税金資産が，将来の税負担金額を軽減する効果を有するかどうかを判断することを，「繰延税金資産の回収可能性の判断」といいます。判断の要件は，①収益力に基づく課税所得，②タックス・プランニングに基づく課税所得，③将来加算一時差異の3点です。

なお，ここでの課税所得とは，将来の事業年度の課税所得の見積額からその事業年度に解消が見込まれる将来加算（減算）一時差異の金額（およびその事業年度に控除することが見込まれる税務上の繰越欠損金の額）を除いた額（以下「一時差異等加減算前課税所得」）をいいます。

① 収益力に基づく課税所得

繰延税金資産の回収可能性は，まず，「将来減算一時差異の解消見込年度または税務上の欠損金の繰越等が認められる期間」に，将来減算一時差異の解消額または税務上の繰越欠損金の控除見込額を十分上回る「収益力に基づく課税所得が生じる可能性が高いと見込まれるか」で判断します。そのためには，合理的な仮定に基づく業績予測を行い，将来の課税所得の額を見積ります。

その際，繰延税金資産の回収可能性に係る会計基準で用意されている5分類（分類1〜分類5）に応じて，繰延税金資産の計上可能額を決定します。この5分類は過去の課税所得の推移や将来の課税所得の予測等を考慮した分類で，例えば，分類1は，将来減算一時差異を十分に上回る課税所得が継続して生じている会社です。分類5は，過去（3年）および当期，翌期のすべての事業年度において重要な税務上の欠損金が生じているか，生じる見込みの会社です。分類5の会社は，原則として繰延税金資産を計上できません。詳細は，本章最後に記載している5分類の分類要件と繰延税金資産の回収可能性に関する原則

的な取扱いを参照してください。

② タックス・プランニングに基づく課税所得

　営業活動だけでなく，有価証券や不動産等の売却予定を含め，将来の課税所得，法人税等を発生させる計画をタックス・プランといい，そのタックス・プランを用意・作成することをタックス・プランニングといいます。タックス・プランニングにより，将来減算一時差異の解消見込年度または税務上の欠損金の繰越等が認められる期間に，将来減算一時差異または税務上の繰越欠損金の控除見込額を十分上回る課税所得を確保できれば，繰延税金資産の回収可能性の確実性が増します。

③ 将来加算一時差異

　将来加算一時差異は，会計と税務の差異の解消時に会計上の税引前当期利益を加算調整して課税所得を計算するので，税務上の課税所得を増加させる差異です。将来減算一時差異に係る繰延税金資産の回収可能性については，「将来減算一時差異の解消見込年度等に，将来加算一時差異が解消されると見込まれるか」，税務上の繰越欠損金に係る繰延税金資産の回収可能性については，「繰越期間に繰越欠損金と相殺される将来加算一時差異が解消されると見込まれるか」を検討します。

(2) 繰延税金資産の回収可能性の判断等の手順[7]
① 繰延税金資産の回収可能性の判断

　繰延税金資産の回収可能性を判断するには，まず，将来減算一時差異，将来加算一時差異各々の解消が見込まれる時期を用意します。これを税効果会計では，スケジューリングといいます。

7　会計基準上，繰延税金資産の回収可能性の判断の際に従うべき7つのステップが示されているが，ここでは7つのステップを2つに分けて概要を説明する。

そして，スケジューリングされた将来減算一時差異の解消見込額と，スケジューリングされた将来加算一時差異の解消見込額を解消見込年度ごとに相殺できれば，相殺された将来減算一時差異に係る繰延税金資産の資産計上が可能です。ここでは，（1）で挙げた回収可能性の判断の要件のうち，③将来加算一時差異が重要になります。解消見込年度ごとの相殺では相殺し切れなかった将来減算一時差異の解消見込額は，解消見込年度を基準にして，相殺されていない繰戻・繰越期間の将来加算一時差異と相殺します。

ここまでに相殺された将来減算一時差異に係る繰延税金資産は，資産計上が可能になります。

ここまでに相殺できなかった将来減算一時差異の解消見込額については，将来の一時差異等加減算前課税所得の見積額等に基づき，将来減算一時差異に係る繰延税金資産の回収可能性を判断します。将来の一時差異等加減算前課税所得を見積るにあたり，（1）で挙げた回収可能性の判断の要件のうち①収益力に基づく課税所得と②タックス・プランニングに基づく課税所得が重要になります。収益力に基づく課税所得を見積る際，会社の5分類に応じた繰延税金資産の回収可能性に関する取扱いが適用されます。タックス・プランニングに基づく課税所得の見積りにあたり，資産の含み益等の実現可能性を考える際も，会社の5分類に応じた取扱いが必要です。

ここまでに相殺し切れなかった将来減算一時差異に係る繰延税金資産については，回収可能性はないと判断され，繰延税金資産から控除します。

② 繰越欠損金の回収可能性

期末に税務上の繰越欠損金がある場合，繰越期間にわたり，将来の課税所得の見積額に基づき，繰越欠損金の控除見込年度および控除見込額のスケジューリングを行い，回収が見込まれる金額を繰延税金資産として計上します。ここでも，（1）で挙げた回収可能性の判断の要件のうち，①収益力に基づく課税所得と②タックス・プランニングに基づく課税所得が重要な要素になります。

7．税効果会計と当期純利益等への影響

(1) 回収可能性の低下

　業績悪化等により繰延税金資産の回収可能性が低下あるいはなくなった場合，繰延税金資産の取崩し（減額）が考えられます。繰延税金資産の取崩し時は，法人税等調整額により税金費用（法人税等合計）が増加するので，業績の悪化に「拍車をかける」ことが考えられます。

業績悪化，売却予定資産の含み益が減少したり売却計画が頓挫等
- ➡ 収益力に基づく課税所得見込みが減少，タックス・プランニングに基づく将来課税所得見込みが減少
- ➡ 繰延税金資産の回収可能性が低下
- ➡ 繰延税金資産を取り崩し，法人税等調整額により税金費用（法人税等合計）が増加
- ➡ 当期純利益が減少（営業利益，経常利益には影響なし）

　実務的には，過去（3年）および当期の課税所得や税務上の繰越欠損金の発生状況，経営環境の著しい変化により，5分類での分類が下の分類に変更（例えば，分類2から分類3）になれば，繰延税金資産の計上可能額の減少・取崩しにつながります。

回収可能性に係る企業の5分類において，下位の分類へ変更
- ➡ 繰延税金資産の計上可能額が減少
- ➡ 繰延税金資産を取崩し
- ➡ 法人税等調整額により税金費用（法人税等合計）が増加
- ➡ 当期純利益が減少（営業利益，経常利益には影響なし）

いったん取り崩した繰延税金資産の回収可能性が上がり、改めて資産として計上できるようになれば、法人税等調整額を通して法人税等合計が減少、当期純利益増加につながります。なお、営業利益、経常利益には影響ありません。

(2) 法定実効税率の変更

① 繰延税金資産への影響

「会社の利益に課される法人税等の一種の前払い」あるいは「将来の法人税等を安くできる（減額できる）権利」と考えられるのが繰延税金資産でした。ところが、その後に法人税等の法定実効税率に影響する税の税率が引き下げられると、繰延税金資産の金額も減額する必要があります。

具体的には、一時差異等に引下げ前の法定実効税率を乗じて算定していた繰延税金資産の金額は、引下げ後の法定実効税率で計算し直します。その時に生じた差額分の繰延税金資産は取崩し（減額）するとともに、計上時とは逆に法人税等調整額により税金費用（法人税等合計）を増額させます。

法人税等の税率が引下げ
- ➡ 法定実効税率が低下
- ➡ 計上できる繰延税金資産の金額が減少
- ➡ 繰延税金資産の取崩し（減少）（図表12−6の①）、法人税等調整額により税金費用（法人税等合計）が増加（同②）
- ➡ 当期純利益が減少（営業利益、経常利益には影響なし）

[図表12-6] 法定実効税率の引上げの繰延税金資産への影響

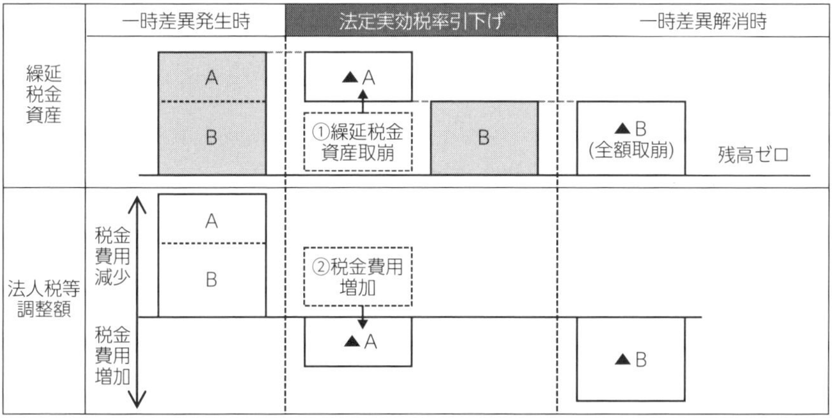

法人税等の税率の引上げは，計上できる繰延税金資産金額が増加するため，税金費用（法人税等合計）を減額させます。

法人税等の税率が引上げ

➡ 法定実効税率が上昇

➡ 計上できる繰延税金資産の金額が増加

➡ 繰延税金資産を追加計上し，法人税等調整額により税金費用（法人税等合計）が減少

➡ 当期純利益が増加（営業利益，経常利益には影響なし）

---

② 繰延税金負債への影響

繰延税金負債も同様に，法人税等の税率の引下げ・引上げがあれば，取崩し（減額）と法人税等調整額による税金費用の減額・増額が必要です。法人税等の税率の引下げは，計上すべき繰延税金負債が減少し，税金費用（法人税等合計）を減額させます。

法人税等の税率が引下げ

➡ 法定実効税率が低下

➡ 繰延税金負債の金額が減少

➡ 繰延税金負債の取崩し（減少）（図表12－7の①），法人税等調整額
   により税金費用（法人税等合計）が減少（同②）

➡ 当期純利益が増加

[図表12－7]　法定実効税率の引下げの繰延税金負債への影響

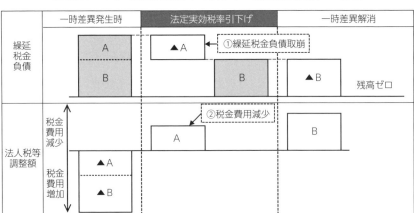

　法人税等の税率の引上げは，計上すべき繰延税金負債が増加し，税金費用
（法人税等合計）を増額させます。

法人税等の税率が引上げ

➡ 法定実効税率が上昇

➡ 繰延税金負債の金額が増加

➡ 繰延税金負債を追加計上し，法人税等調整額により税金費用（法人税

等合計）が増加

➡ 当期純利益が減少

【情報開示】税効果会計に係る開示項目

連結財務諸表では，次の事項等を税効果会計に係る注記として開示する必要があります。

- 繰延税金資産および繰延税金負債の発生原因別の主な内訳
- 税引前当期純利益または税金等調整前当期純利益に対する法人税等の比率と法定実効税率との間に重要な差異があるときは，差異の原因となった主要な項目別の内訳
- 税率の変更により繰延税金資産および繰延税金負債の金額が修正された時は，その旨および修正額

個別損益計算書の税引前当期純利益または連結損益計算書の税金等調整前当期純利益に対する税金費用（法人税等合計）の比率が，法定実効税率と比較して非常に低いことで注目を集める場合がありますが，これらの開示により，その理由を推察することができる場合は多いと思います。

【財務会計を具体的に理解する】

(1) 将来減算一時差異の具体例：減価償却費

ある固定資産（20X0年末の減価償却前の簿価6,000千円）の今後3年間の減価償却金額が，会計上は20X1年3,000千円，20X2年2,000千円，20X3年1,000千円，税務上は20X1年～20X3年に毎年2,000千円とします。減価償却費の合計金額は6,000千円で会計上と税務上に差異はないものの，20X1年と20X3年の減価償却費は，会計上と税務上に差異があります。

		20X0年	20X1年	20X2年	20X3年
財務会計	期初簿価		6,000	3,000	1,000
	（減価償却費）（A）		▲3,000	▲2,000	▲1,000
	期末簿価（B）	6,000	3,000	1,000	0
税務上	期初簿価		6,000	4,000	2,000
	（減価償却費）（C）		▲2,000	▲2,000	▲2,000
	期末簿価（D）	6,000	4,000	2,000	0
会計上と税務上の差異（差額）	減価償却費の差異（A−C）		▲1,000	0	＋1,000
	期末簿価の差異（B−D）		▲1,000	▲1,000	0

　20X1年は，会計上の減価償却費（▲3,000千円）が，税務上の減価償却費（▲2,000千円）より1,000千円多くなっています。そのため，この年の課税所得は，会計上の利益に1,000千円加算して計算します。将来の差異解消時は，会計上の利益を減算して課税所得を計算するので，この会計上と税務上の差異は将来減算一時差異です。差異が発生した20X1年は一時差異等の金額（1,000千円）に法定実効税率（ここでは30％とします）を乗じた金額（300千円）の繰延税金資産を計上するとともに，法人税等調整額により税金費用（法人税等合計）を減少させます。

繰 延 税 金 資 産	300	法人税等調整額	300

　その後，毎年，減価償却を続け，20X3年末には，会計上，税務上ともにその固定資産の簿価がゼロになり，その時点で資産の会計上と税務上の差異は解消されます。この年の課税所得は，先に述べたとおり，会社の利益は1,000千円減算して計算します。また，会計上，繰延税金資産を取り崩し，法人税等調

整額により法人税等合計を増加させます。

(単位：千円)

法人税等調整額	300	繰延税金資産	300

👍 POINT

繰延税金資産の回収可能性に係る企業の５分類[8]

分類	分類の要件	繰延税金資産の回収可能性に関する原則的な取扱い
1	次の要件をいずれも満たす企業は，（分類1）に該当する。 (1) 過去（3年）および当期のすべての事業年度において，期末における将来減算一時差異を十分に上回る課税所得が生じている。 (2) 当期末において，近い将来に経営環境に著しい変化が見込まれない	（分類1）に該当する企業においては，繰延税金資産の全額について回収可能性があるものとする[9]。
2	次の要件をいずれも満たす企業は，（分類2）に該当する。 (1) 過去（3年）および当期のすべての事業度において，臨時的な原因により生じたものを除いた課税所得が，期末における将来減算一時差異を下回るものの，安定的に生じている。 (2) 当期末において，近い将来に経営環境に著しい変化が見込まれない。	（分類2）に該当する企業においては，一時差異等のスケジューリングの結果，繰延税金資産を見積る場合，当該繰延税金資産は回収可能性があるものとする。

8　企業会計基準適用指針第 26 号「繰延税金資産の回収可能性に関する適用指針」のうち，関連する箇所からの抜粋。繰延税金資産回収可能性に関する原則的な取扱いのみを記載している。
9　将来減算一時差異のすべてが繰延税金資産として計上可能なことを意味している。

	(3) 過去（3年）および当期のいずれの事業年度においても重要な税務上の欠損金が生じていない。	
3	次の要件をいずれも満たす企業は（分類3）に該当する。 (1) 過去（3年）および当期において，臨時的な原因により生じたものを除いた課税所得が大きく増減している。 (2) 過去（3年）および当期のいずれの事業年度においても重要な税務上の欠損金が生じていない。 ただし，分類4の（2）および（3）の要件に該当しないことも要件とされている。	（分類3）に該当する企業においては，将来の合理的な見積可能期間（おおむね5年）以内の一時差異等加減算前課税所得の見積額に基づいて，当該見積可能期間の一時差異等のスケジューリングの結果，繰延税金資産を見積る場合，当該繰延税金資産は回収可能性があるものとする。
4	次のいずれかの要件を満たし，かつ，翌期において一時差異等加減算前課税所得が生じることが見込まれる企業は，（分類4）に該当する。 (1) 過去（3年）または当期において，重要な税務上の欠損金が生じている。 (2) 過去（3年）において，重要な税務上の欠損金の繰越期限切れとなった事実がある。 (3) 当期末において，重要な税務上の欠損金の繰越期限切れが見込まれる。	（分類4）に該当する企業においては，翌期の一時差異等加減算前課税所得の見積額に基づいて，翌期の一時差異等のスケジューリングの結果，繰延税金資産を見積る場合，当該繰延税金資産は回収可能性があるものとする。
5	次の要件をいずれも満たす企業は，（分類5）に該当する。 (1) 過去（3年）および当期のすべての事業年度において，重要な税務上の欠損金が生じている。 (2) 翌期においても重要な税務上の欠損金が生じることが見込まれる。	（分類5）に該当する企業においては，原則として，繰延税金資産の回収可能性はないものとする。

参考文献

- 赤岩茂，鈴木信二著『財務経営力の強化書』あさ出版，2018年
- 飯塚幸子著『初めて学ぶ連結会計の基礎』税務研究会出版局，2015年
- EY新日本有限責任監査法人「ケーススタディで理解する組織再編の会計処理」旬刊経理情報No.1543〜1560（中央経済社），2019年
- 砂川伸幸著『コーポレートファイナンス入門（第2版）』日本経済新聞出版社，2017年
- 砂川伸幸，笠原真人著『はじめての企業価値評価』日本経済新聞出版社，2015年
- 石野雄一著『ざっくり分かるファイナンス』光文社新書，2007年
- 伊藤邦雄著『新・現代会計入門（第4版）』日本経済新聞出版社，2020年
- 荻窪輝明著『経営陣に伝えるための「税効果会計」と「財務諸表の視点」』税務研究会出版局，2019年
- 加藤健一郎著「巨額ののれんの減損は，なぜ起こったか，どう防ぐか」KPMG Insight Vol.6/May 2014（KPMGジャパン），2014年
- 株式会社IICパートナーズ「よくわかる退職給付」
  (https://www.pmas-iicp.jp/library.html)
- 川井隆史著『現場で使える会計知識』明日香出版社，2019年
- 企業会計審議会「固定資産の会計処理に関する論点の整理」，2000年
- 企業会計審議会「固定資産の減損に係る会計基準の設定に関する意見書」，2002年
- 國貞克則著『財務3表一体理解法』朝日新聞出版，2016年
- グローバルタスクフォース著『通勤大学MBA〈5〉コーポレートファイナンス』総合法令出版，2002年
- 斎藤静樹著『企業会計入門──考えて学ぶ（補訂版）』有斐閣，2016年
- 桜井久勝，須田一幸著『財務会計・入門（第13版）』有斐閣，2020年
- 佐藤公亮著『ファイナンスの基本』日本実業出版社，2013年
- 佐和周著『財務数値への影響がわかるケース100』中央経済社，2020年
- 滝澤ななみ著『スッキリわかる日商簿記1級 商業簿記・会計学（3）その他の個別論点・本支店・C/F編』TAC出版，2018年
- 滝澤ななみ著『スッキリわかる日商簿記1級 商業簿記・会計学（4）企業結合・連結会計編（第8版）』TAC出版，2018年
- 日本公認会計士協会編「企業価値評価ガイドライン（経営研究調査会研究報告第32号）」，2007（改正 2013）年
- ミヒル・A・デサイ著（岩瀬大輔，関美和訳）『ハーバードのファイナンスの授業−ハーバード・ビジネス・スクール伝説の最終講義』ダイヤモンド社，2018年
- ミヒル・A・デサイ著（斎藤聖美訳）『HOW FINANCE WORKSハーバード・ビジネス・スクールファイナンス講座』ダイヤモンド社，2020年
- 矢部謙介著『武器としての会計ファイナンス』日本実業出版社，2018年
- 吉田剛稿「マネジメントのための「気になるポイント確認シリーズ」第4回 海外投資における為替変動の財務的影響」情報センサー vol.77（新日本監査法人），2012年

[著者紹介]

後藤 史守弥 （ごとう しずや）

株式会社三井住友フィナンシャルグループ　理事　財務部部長
兼　株式会社三井住友銀行　理事　財務企画部部長
1987年，一橋大学経済学部を卒業。同年三井銀行（現・三井住友銀行）に入行。1994年，米国カーネギーメロン大学産業経営大学院（現・Tepper School of Business）修了。1996年，米国公認会計士試験合格。同年さくら銀行（現・三井住友銀行）総合企画部に異動後は一貫して財務会計関連業務に従事。国際財務報告基準（IFRS）に基づく決算関連業務の経験も10年以上に及ぶ。企業会計基準委員会元金融商品専門委員会委員。

経営企画のための財務会計入門

利益変動のロジックを追い掛ける

2022年1月15日　第1版第1刷発行

著　者	後　藤　史　守　弥
発行者	山　本　　　　継
発行所	㈱中　央　経　済　社
発売元	㈱中央経済グループ パブリッシング

〒101-0051　東京都千代田区神田神保町1-31-2
電話 03 (3293) 3371（編集代表）
　　 03 (3293) 3381（営業代表）
https://www.chuokeizai.co.jp
製版／三英グラフィック・アーツ㈱
印刷／三　英　印　刷　㈱
製本／㈲井　上　製　本　所

© 2022
Printed in Japan

＊頁の「欠落」や「順序違い」などがありましたらお取り替えいたしますので発売元までご送付ください。（送料小社負担）
ISBN978-4-502-41041-3　C3034